中国国际能源

合作历程及展望

THE HISTORY AND PROSPECTS OF CHINA'S
INTERNATIONAL ENERGY COOPERATION

张　姣◎著

知识产权出版社
全国百佳图书出版单位
——北京——

图书在版编目（CIP）数据

中国国际能源合作历程及展望/张姣著. —北京：知识产权出版社，2022.6
ISBN 978 - 7 - 5130 - 8177 - 1

Ⅰ. ①中… Ⅱ. ①张… Ⅲ. ①能源经济—经济合作—国际合作—研究—中国 Ⅳ. ①F426.2

中国版本图书馆 CIP 数据核字（2022）第 084492 号

内容提要

加强国际能源合作对实现能源战略自主、提升能源安全具有十分重要的意义。本书从 1949 年后我国国际能源合作战略历程入手，梳理、分析"集体安全""引进来""走出去""多元化""一带一路"的国际能源合作 5 个阶段的特点，并对中国国际能源合作的内外驱动力、能源自主性的逻辑、能源自主性的实现路径进行了深入的探讨。

本书可供开展国际能源合作企业的管理者及从事相关研究的学者阅读。

责任编辑：安耀东　　　　　　　　　责任印制：孙婷婷

中国国际能源合作历程及展望
ZHONGGUO GUOJI NENGYUAN HEZUO LICHENG JI ZHANWANG

张　姣　著

出版发行：知识产权出版社 有限责任公司	网　　址：http://www.ipph.cn		
电　　话：010 - 82004826	http://www.laichushu.com		
社　　址：北京市海淀区气象路 50 号院	邮　　编：100081		
责编电话：010 - 82000860 转 8534	责编邮箱：anyaodong@cnipr.com		
发行电话：010 - 82000860 转 8101	发行传真：010 - 82000893		
印　　刷：北京中献拓方科技发展有限公司	经　　销：新华书店、各大网上书店及相关专业书店		
开　　本：720mm×1000mm　1/16	印　　张：11.25		
版　　次：2022 年 6 月第 1 版	印　　次：2022 年 6 月第 1 次印刷		
字　　数：178 千字	定　　价：82.00 元		

ISBN 978 - 7 - 5130 - 8177 - 1

前　言

能源是国民经济和社会发展的重要基础。改革开放以来，随着经济的高速发展和工业化、城市化进程的推进，我国的能源消费需求逐步攀升，能源消费总量已跃居全球第一位，能源对外依存度逐步升高，能源对中国经济社会发展的制约日趋明显。"缺油、少气、富煤"的能源结构决定了油气对外依存度会长时期保持高水平状态。

从中华人民共和国成立至今，中国能源国际合作取得了一系列重大突破：能源品类，从单一的以石油为主，发展到油气、电力、可再生能源等多品类并存的合作局面；能源通道，从高度依赖海上运输到当前的海陆复合运输模式；能源合作对象和方式，日趋多元，深度和广度逐步拓展，海外能源供应体系化建设已经确立；全球能源治理角色，从主要国际合作框架下的追随者、适应者到重要参与者和贡献者，继而向塑造者转变。

当前，"一带一路"倡议为促进中国能源合作提供了新的机遇和平台，中国能源自主能力进一步提升，同时也面临外部环境的诸多变化：美国国际能源进出口国的角色转换以及生产国与消费国的能源权力相对变化，正推动着国际能源格局发生着深刻变革；世界能源体系面临第三次能源转型，替代能源进一步成为新时代国际能源变革中的推动性力量；新兴经济体在全球能源治理和经济事务方面发挥的作用越来越不容忽视……这些变化为未来维护消费国家权益、强化地区内部合作带来了契机。中国作为能源消费大国和最大的发展中国家，能源自主的客观条件和作为空间进一步加大。

在能源国际化战略发展过程中，中国面临来自内外两大因素的挑战。外部因素体现在：新兴能源消费体的崛起，在全球能源秩序和经济发展变迁上带来了前所未有的塑造力。新兴经济体工业化崛起带来了巨大碳排放量。中国在新兴经济体发展问题和能源治理方面是全球标杆也是重要的责任承担者。地区内的相对竞争也在加剧，如果中国替代能源的发展速度长期低于地区能源消耗水平的增长，一旦遇到周边战争或者石油禁运，东亚地区的能源形势就会趋于紧张，能源争夺就会成为诱发东亚地区秩序变迁的另一个重要因素。2020年以来，世界经济持续低迷，国际经济政治格局复杂多变，大国经济制裁和政治干预直接或间接导致了全球能源富集区的动荡，各种不安全因素会影响能源价格和中国海外能源企业的正常投资，会影响能源企业"走出去"积极性，甚至可能损害中国与"一带一路"沿线国家现有的合作。此外，如何营造良好的外部舆论环境、加强正面的国际形象是中国必须面对的现实问题。这个问题的解决有助于打消能源合作对象的疑虑，进一步深化合作，营造和谐的商业氛围，取得理想的社会效益和经济效益。针对美国对华的全面打压，美国的"能源独立"正在悄然改变中美能源利益冲突的形式，美国从中国能源的竞争对手转变为遏制者的可能性增大。两大能源消费国在能源安全观和文化上的差异，导致中美在能源问题上的有效对话与合作更加困难。内部因素主要体现在：当下的中国能源需求，原油对外依存度超过70%，天然气对外依存度超过40%。❶ 油气对外依存度高企已经成为涉及能源安全的核心问题。经历了四十多年改革开放发展，高能耗的工业产品在经济中比重很高。我国作为第一大能源消费国，保证充足供应体系是首要命题，能源安全、新能源技术革新受外部环境影响而导致的复杂性和艰巨性上升。国内的能源消费结构调整尚需时间，面对国内油气生产保障能力受限，亟待解决经济高速发展与替代能源承载力这一组矛盾问题。在能源战略通道布局网络形成后，

---

❶ 许帆婷. 我国原油进口量和对外依存度20年来首降［N/OL］. 2022 – 02 – 21（1）［2022 – 03 – 25］. http：// enews. sinopecnews. com. cn/zgshb/html/2022 – 02/21/content_8666912. htm.

提升应对突发事件水平、增强风险管控和预警能力成为新时期能源安全的新问题。海陆复合型运输模式，对风险管控和预警提出了更高的要求。除此之外，"一带一路"能源项目面临优化升级。2020 年以来，全球疫情蔓延，对海外项目维护、人身权益保护、舆论环境建设等方面，提出了更高要求。

自主性话题是一个历久弥新的概念，依赖性和自主性是行为体和国际社会互动的两端，也是衡量能源对外依存度和能源安全的重要指征。从能源依赖走向能源自主是包括"一带一路"能源合作框架在内中国能源发展的终极目标。摆脱依赖、走向自主，是任何一个消费大国能源革命的驱动力。从现实基础来看，"一带一路"能源伙伴关系为中国提升能源自主性奠定了基础、提供了平台。对于中国来讲，实现自主性，核心是需要中国发挥主体能动作用，不断扩大自主空间和机遇。

本书的目的在于立足能源领域的自主性这一议题，通过梳理中国能源政策的历史性演变、成就和挖掘命题的客观存在和理论意义，以历史视角看待每一个阶段下突出的阶段性建设成果，厘清能源在自主性领域的突出特点和发展脉络，呈现能源政策在一个较长时期的演变历程，并针对未来发展提出持续性增强中国能源自主能力的措施建议。本书通过文献梳理、统计分析、政策分析，形成四个板块的布局，试图回答以下几个问题：一是从 1949 年至今，中国国际能源合作经历了哪几个阶段？每个阶段的突出性成果是什么？二是中国国际能源合作的内外压力是什么？三是对中国能源"战略自主性"怎样理解？四是怎样发挥中国未来的主导优势？

本书是在笔者博士毕业论文《对外依赖性和战略自主性：中国国际能源合作探析》的基础上进一步研究完成的。当时，"一带一路"能源合作刚起步；现在，"一带一路"能源合作已经如火如荼。回顾论文，有太多的不足之处，现在再次立足能源自主性话题进行研究，既要客观，又要谈出新观点，深知此项工作的不易，但始终坚持挖掘议题价值、突出问题导向，尝试从历史、理论、发展的角度加以探讨。对于本书的不足，期待读者提出批评和宝贵意见。

目　录

第一章　中国国际能源合作
演变历程及阶段性特点

从 1949 年中华人民共和国成立至今，中国国际能源合作经历了在冷战背景下对苏联的"集体安全"能源合作阶段，改革开放后"引进来"的国际能源合作战略阶段，成为净进口国后的"走出去"国际能源合作战略阶段，出于能源安全及适应能源变革下的"多元化"的国际能源合作阶段，以及在"一带一路"倡议下开展国际能源合作这五个阶段。中国国际能源合作受到外部和内部因素双重影响，在战争、供需、新技术等诸多因素影响下塑造了不同阶段的合作重点。回顾历史，中国国际能源合作历程经历了演变和发展，每一个时期阶段性特征鲜明、重点明确、成果突出。

第一节　从对外依赖到自给自足阶段
（1949 年至改革开放前）[1]

1949 年到改革开放前这一阶段的中国国际能源合作处于萌芽阶段，从

---

[1]　有学者认为，真正意义上的中国国际能源合作始于 1993 年，这一年中国成为石油净进口国。笔者认为，国际能源合作不仅包括能源贸易，还包括能源外交等广阔的能源涉外领域。中国的能源状况在中华人民共和国刚成立时并不乐观，但之后便在特殊历史背景下采取国际合作途径解决战争能源需求问题。从公开的历史资料可知，中苏形成战略资源互相支援以满足彼此需要的共识，可以视为一种特殊背景下以苏联能源支援为主的合作模式。另外，中国的石油工业发轫于 1905 年的石油钻井领域的合作，对外合作的影子一直存在。因此，本书对中国国际能源合作的梳理以 1949 年为起点。

高度能源依赖到自给自足，再到国际市场初探，分为两个时期：第一个时期是 1949 年至 20 世纪 50 年代中期，"一边倒" 政策下，因朝鲜战争爆发及西方国家封锁而采取了对苏联能源的依赖，同时，也在自身力量下开始油田勘探工作以及在技术和人才方面的对外学习交流；第二个时期是 20 世纪 50 年代末至 20 世纪 70 年代，随着国内油田勘探技术的发展和开采量的上升，中国逐渐实现了自给自足。

一、"集体安全" 能源合作

中华人民共和国成立以前，中国能源主要依赖国外"洋油"的进口。1949 年 10 月召开的全国第一次石油工业会议指出，"全国用油素赖国外输入，年耗外汇数千万美元，占我国进口物资之第三"。中华人民共和国成立后，以美国为首的西方资本主义国家对中国进行了能源封锁。当时，能源霸权是美国崛起并建立霸权的重要组成部分，美国控制着世界 2/3 的石油资源。以美国为首的西方国家并不承认中华人民共和国，为了扼杀社会主义的生存空间，采取对中国的封锁、孤立、包围政策，实施能源等战略物资禁运的措施，因此"洋油"进口被阻断。1951 年 5 月，在美国操纵下，第五届联合国大会通过了对中国实行禁运的决议，其中指出："兹建议每一个国家：对中华人民共和国中央人民政府和朝鲜当局控制下的地区实行禁运武器、弹药和战争工具、原子能材料、石油、具有战略价值的运输器材以及对制造武器、弹药和战争工具有用的物资。"[1] 朝鲜战争爆发后，战略物资供应关乎战争主动权，面对能源物资的紧缺和国际能源的封锁，苏联远东地区成为生产和运送包括石油在内的战略物资的重要前沿地带。

按照《中苏友好同盟互助条约》《中苏贸易协定》，苏联需要按照协议向中国供应石油及石油制品。在《关于签订中苏条约协定问题的报告提纲》中规定了在战争条件下，"出于战争状态时的军事援助"包括"战略

---

[1] 陶文钊. 美国对华政策文件集. 第 1 卷（下）[M]. 北京：世界知识出版社，2003：984.

原料"的援助，中国向苏联提出了能源援助的请求。❶ 按照协议，中国也需要向苏联提供战略物资，在《中华人民共和国中央人民政府、苏维埃社会主义共和国联盟政府关于贷款给中华人民共和国的协定》的附件中，要求"我方负责供给苏联战略物资"❷。在苏联提供给中国石油援助的同时，中国也按照苏联的要求向对方提供钨、锡、锑、铅四种稀有金属。❸ 随着朝鲜战争态势逐渐激烈，为了掌握战场的主动权，中国曾多次发电报寻求苏联的军用油料支援。从数量上看，朝鲜战争的爆发加深了中国能源依存度。数据显示，1950 年中国从苏联进口石油及石油制品总量为 17.5 万吨❹，朝鲜战争爆发后，1951 年中国进口苏联的石油及石油制品总量飙升到 75 万吨，1952—1954 年为 91.7 万吨、103.6 万吨、96 万吨。❺ 中华人民共和国成立初期，石油产量仅为 12.1 万吨，100 万吨左右的能源支援造成了高度的能源依赖关系。在战争背景下，为了增加石油运输的安全性，中苏能源线采用了陆运、江运、海运三种运输渠道联运的方式，这三条能源运输线构成了"赤塔—满洲里""滨海—绥芬河"铁路运线、"黑龙江—松花江"两江联运线、"符拉迪沃斯托克（原名海参崴）—大连"海运线这一运输网。❻ 其中，铁路是承担苏联向中国输出石油及石油制品的主要运输方式，朝鲜战争爆发至 1954 年，陆路运输占总运输量的八成以上。这种多渠道能源的运输网络主要考虑社会主义阵营被封锁情况下的安全需要，多渠道运输的方式降低了能源供应被切断的风险，保障了战争背景下地区能源供应的安全。

---

❶ 关于抗美援朝战争期间中苏关系的俄国档案文献（连载二）[J]. 当代中国史研究，1998 (1)：94 – 104.

❷ 周恩来，维辛斯基. 中华人民共和国中央人民政府苏维埃社会主义共和国联盟政府关于贷款给中华人民共和国的协定 [J]. 山东政报，1950 (3)：93 – 94.

❸ 中共中央、周恩来关于中苏贸易协定谈判等问题的电报、批示选载 [J]. 党的文献，2008 (1)：4 – 12.

❹ 马德义. 20 世纪 50 年代初苏联远东地区对中蒙朝的石油输出 [J]. 中国石油大学学报（社会科学版），2008 (4)：76 – 80.

❺ The petroleum industry in economic regions IX, XI, and XII of the USSR [R]. Office of Current Intelligence，1955：19.

❻ 马德义. 20 世纪 50 年代初苏联远东地区对中蒙朝的石油输出 [J]. 中国石油大学学报（社会科学版），2008 (4)：77 – 78.

在冷战背景下，中苏能源合作带有维护地区"集体安全"的保障目的。除苏联外，中国还从罗马尼亚等国进口少量石油，但这一时期绝大部分依赖苏联，1962 年之前苏联石油占中国进口总量的 70%。[1] 石油供应对地区安全起到了至关重要的作用，苏联也向蒙古国、朝鲜提供石油支援，但中国在朝鲜战争棋局上的分量是至关重要的。以苏联远东石油主产区萨哈林为例，1954 年向国外输送不到 33 万吨，其中输往中国为 20 万吨，输往朝鲜不到 10 万吨，输往蒙古国为 2.2 万吨。[2] 苏联给予中国较大能源援助与中国的战略地位和朝鲜战争态势直接相关，对地区"集体安全"维护发挥了重要作用。这一时期，受制于中华人民共和国成立初期国内产量的不足和朝鲜战争的高需求，对苏联高度能源依赖以及从少数社会主义国家的能源进口，对争取战争主动权、维护中国周边安全稳定发挥了重要作用。

二、勘探开采技术和人才培养合作

中华人民共和国成立初期，对外开展技术学习的对象主要是苏联，这和苏联在石油领域的优势紧密相关。苏联是传统的能源生产大国，从煤炭到石油的能源消费进程转换开启比较早，积累的石油工业发展经验较为丰富。第二次世界大战后，苏联石油经济得到了较快的恢复和发展，到中华人民共和国成立时，苏联在钻井和采油工艺上达到世界领先水平，钻采装备全部自主制造且品类齐全，尤其是发明和生产了技术性能先进的涡轮钻具，如 1950 年制造的最大钻井深度达到 3200 米重型钻机。据统计，1955 年苏联新钻一口井平均增加的石油开采量为 3000 多吨，是美国（当年仅为 500 吨左右）的 6 倍。[3] 1949 年后，为了在石油勘探技术上取得突破，

---

❶ 李昕. 1949 年以来中国石油进出口地位演变 [J]. 西南石油大学学报（社会科学版），2014，16（1）：1-6.

❷ The petroleum industry in economic regions IX, XI, and XII of the USSR [R]. Office of Current Intelligence, 1955：23.

❸ 宫柯. 上个世纪中叶的苏联石油工业 [J]. 石油知识，2018（5）：27.

中国拉开了向苏联开展技术学习和合作的序幕，合作形式主要包括合作开采钻井项目、技术学习和指导、跨国人才培养等。

中苏石油项目合作伊始是在新疆独山子。1950年3月27日，中苏签订《中苏关于在新疆创办中苏石油股份公司的协定》，按照平权合股原则，苏联配备钻机、井架等设备以及工程师，中国出地、出工人，双方利润各占50%，中方收40%的税。此种模式的合作，诞生了中华人民共和国第一家中外合资石油企业——中苏石油股份公司。到1954年，中苏石油股份公司完成勘探井总量达92口，累计生产原油17.46万吨。在中苏合作经营下，对周边地区的勘探开发也加快了速度，独山子油矿采油炼油生产得以恢复，准噶尔地区和南疆库车、喀什地区的石油调查勘探也迅速开展起来。

中苏之间的人员培训和交流的主要方式是"请进来"和"送出去"，即中方聘请国外专家或者派出考察团进行学习。

首先是"请进来"。最早在新疆开发油田通过聘请苏联专家培训的方式，培养了700多名中方技术骨干，30多名大中专毕业生，把先进技术和方法传播到各个油田。[1] 针对一些技术难题，苏联专家对中国提供技术指导和帮助，例如，在玉门油田的建设中，苏联专家魏盖林提出的快速钻井法，经过总结推广成为当时最常规的钻井方法；苏联专家阿辽亨提出了清水钻井法以及涡轮钻井技术。这些技术的引进直接提高了50%的开采效率。苏联派出钻井专家和钻井队，在玉门老君庙油田指导操作定向井，在新疆卡因克地区指导深井。[2] 在灭火技术上，苏联石油工业部副部长奥鲁杰夫曾帮助中国采用空中灭火的方案，成功扑灭四川石油构造的一口深井巴9号井的火灾。[3] 玉门油田是我国第一个合作建成的天然石油基地，建成后担负起"三大四出"的使命："大学校、大试验田、大研究所；出

---

[1] 《中国石油钻井》编辑委员会. 中国石油钻井（综合卷）[M]. 北京：石油工业出版社，2007：3.

[2] 李富春. 关于发展国民经济的第一个五年计划的报告 [J]. 经济研究，1955（3）：1 - 58，159.

[3] 薛力. 中国能源外交与国际能源合作 [M]. 北京：中国社会科学出版社，2011：4.

人才、出技术、出经验、出设备"。在玉门油田的建设中，先后得到了40多位苏联专家的帮助。据统计，为勘探和生产石油，中国从苏联进口了价值7000万美元的石油技术设备，先后聘请了434名苏联专家、技术人员和工人。❶

其次是"送出去"，从20世纪50年代开始到70年代，中国多次派出人员学习。1955年中华人民共和国第一次部务会议决定派出考察团。这是中国石油工业部1955年成立后第一次向国外派遣大型考察团，分赴东欧和苏联考察，赴东欧的考察团主要考察人造石油情况，赴苏联的考察团主要考察石油情况。另外，在20世纪60年代和70年代，中国还分批送人员出国考察学习。

中华人民共和国成立初期，开展人员培训和交流上的国际合作。通过"请进来""走出去"，大批苏联专家来华培训和传授技术经验，中国分批派员出国考察学习，中国石油工业的理论和技术水平快速提升，国内勘探开采技术得到突破。中方为来华专家提供高于国内的工薪、保障日常生活供应并且提供各种配合及大力支持，老一代"石油人"与来华专家共同谱写了一段难忘的中苏友谊篇章。这一时期也造就了大批具备吃苦耐劳、极具牺牲精神的中国第一代"石油人"。

三、实现自给自足和国际市场初探

石油工业建设是中华人民共和国从成立初期就开始的重点建设项目之一，党的第一代中央领导集体对石油工业高度重视。毛泽东同志指出："要进行建设，石油是不可缺少的，天上飞的，地上跑的，没有石油都转不动。"❷ 为了摆脱西方政治上和战略物资上的封锁，中央把石油勘探和开发列为建设重点，推动国内石油工业的起步。1950年，《第一次全国石油工业会议决议》确立了"石油工业恢复时期在三年内恢复已有建设，发挥

❶ 《当代中国石油工业》编委会. 当代中国的石油工业 [M]. 北京：中国社会科学出版社，1988：214.
❷ 张士英. 大庆油田：从学习"两论"到贯彻新发展理念 [N]. 光明日报，2021-03-16 (5).

现有设备效能，提高产量，有步骤、有重点地进行勘探与建设工作，以适应国防、交通、工业与民生需要"的基本方针。在此方针指导下，经历了三年恢复期后，石油产量有所提升，油田数量增加了 30 口生产井，油矿日产量由 1950 年的 264 吨上升到 1952 年的 388 吨。[1] 在 1955 年"一五"计划中，中央把优先发展重工业作为经济建设的战略重点，指出"我国石油工业的产量很低，同需要的程度相差很远，我们必须努力地去寻找更多的石油资源和研究发展人造石油的办法，以便把石油工业的建设规模加以扩大"，并列出了计划重点建设的 156 个大型项目，以此奠定中国社会主义工业化的基础。[2]

中国石油工业在吸取国外经验基础上，也根据自身的情况克服困难开始自主创新。中华人民共和国成立初期，石油勘探和开发处在初级水平，石油产量仅为 12.1 万吨，很多国外地质学家一度对中国石油储量抱有悲观看法。此前，国外工程师及专家学者经过实地调查认为中国是贫油国家，中国笼罩在"中国贫油论"的阴影下。同时，炼化工业也基本从头起步，中华人民共和国成立初期全国年炼油能力只有 11.6 万吨，1955 年也只有 3 座年产 10 万吨的炼油厂。

中国老一辈地质工作者和石油石化专家潜心钻研，刻苦攻坚，对中国自给自足起到了关键作用。长久冠以的"贫油论"帽子得以摘掉，离不开中国地质工作者的理论创新。以李四光为代表的地质工作者提出了"华北平原和松辽平原摸底工作"，根据黄汲清的陆相生油和多期多层生储油理论，大庆、胜利等高产油气田相继被发现，中国自此进入石油大发现阶段。在炼化工业上，由于国内开采的原油与国外的组分不同，原油硫低、馏分多，不能沿用国外原油走焦化、加油加氢的路线。老一辈的石油石化技术专家深入钻研，在催化裂化工艺上挖掘和创新了适合中国的工艺路线，取得了重大的技术突破，也直接带来了油品数量的增加。

20 世纪 60 年代，中国的国际和周边态势经历了一个变化。当时的中

---

[1] 《百年石油》编写组. 百年石油 [M]. 北京：石油工业出版社，2009：24 – 30.
[2] 李富春. 关于发展国民经济的第一个五年计划的报告 [J]. 经济研究，1955（3）：1 – 58，159.

国处于复杂的内外部环境压力下，能源自给自足的步伐加快。国内，三年困难时期使中国在石油建设方面受到劳动力短缺、资金匮乏等影响；国际方面，周边安全态势严峻，南边爆发了越南战争，北边爆发了"珍宝岛事件"，中国同时在两个方向上受到安全挑战，"战备"成了当时最响亮的口号。石油是最重要的战略物资之一，由于来华的苏联石油专家突然撤走，石油工业发展受到严重影响。党的第一代中央领导集体提出了自给自足、自力更生的目标，以便在国际上有能力保持战略和话语的主动权，中国加快了能源自主勘探开发的步伐。

油田相继开发建设带来了石油产量的大幅度提升，尤其是大庆油田的发现为中国石油自给自足做出了重要贡献。大庆油田于 1959 年 9 月发现，是世界级特大砂岩油田，而后发展成为中国最大的油田，从 1960 年开发建设，当年油田产油量达到 97.1 万吨，占全国产量的 18.6%；到 1965 年，大庆油田原油产量为 834.2 万吨，飙升到全国产量的 73.7%；截至 1978 年，产量上升到了 5037.5 万吨，占全国产量的一半。❶ 同时，几大产油区相继开发建设，玉门油田、冷湖油田、四川油气田等开采规模逐步上升，中国在生产片区上初步形成了甘肃、新疆、青海、四川四大油气生产基地，发现和开发了大庆油田、胜利油田、大港油田等。随着国内石油产量的提升，对外依存度逐渐下降，如表 1.1 所示。1963 年 12 月，在第二届全国人民代表大会第四次会议上，周恩来总理庄严宣布：中国的石油基本实现了自给。1965 年，中国生产石油产品品种达 494 种，汽油、煤油、柴油、润滑油四大类油品达 617 万吨，自给率达到 97.6%，提前实现了我国油品自给。❷ 当年，石油的对外依存度仅为 0.07%，中国实现了石油的自给自足。

❶ HAMILTON J D. China and the global energy crisis: development and prospects for China's oil and natural gas [J]. The energy journal, 2008, 29 (2): 185-186.

❷ 王秀娟. 来之不易 6 亿吨 [J]. 中国石油石化, 2013 (14): 28-29.

表 1.1　中国石油依存度变化情况（1949—1965）

年份	原油产量 /百万吨	石油进口量 /百万吨	石油出口量 /百万吨	净进口量 /百万吨	石油依存度 /%
1949	0.121	0.143		0.143	54.17
1950	0.200	0.281		0.281	58.42
1951	0.306	0.729		0.729	70.43
1952	0.436	0.608		0.608	58.24
1953	0.622	0.834		0.834	57.28
1954	0.789	0.906		0.906	53.45
1955	0.966	1.583		1.583	62.10
1956	1.163	1.733		1.733	59.84
1957	1.458	1.806	0.025	1.871	54.99
1958	2.265	2.510	0.015	2.495	52.42
1959	3.734	3.075	0.019	3.056	45.01
1960	5.213	3.031	0.003	3.028	36.74
1961	5.314	3.032		3.032	36.33
1962	5.746	1.979	0.042	1.937	25.21
1963	6.478	1.581	0.010	1.571	19.52
1964	8.481	0.748	0.134	0.614	6.75
1965	11.315	0.240	0.232	0.008	0.07

资料来源：KARAN P P, SMIL V. China's energy: achievements, problems, prospects [J]. Geographical review, 1978, 68 (1): 109; ZAGORIA D S, WOODARD K. The international energy relations of China [J]. Foreign affairs (Council on foreign relations), 1981, 59 (5): 1191; 李昕. 1949 年以来中国石油进出口地位演变 [J]. 西南石油大学学报（社会科学版），2014，16 (1): 2.

　　20 世纪 70 年代，冷战局势发生转变，"苏攻美守"的国际形势、第四次中东战争造成的针对西方国家的石油禁运等因素促使中美乃至中西能源开启了接触性合作。受国际局势和国内驱动力的影响，中国能源国际合作的合作对象和合作内容上也发生了一定的变化，主要是针对设备、配套技术的引进。1975 年，邓小平指出，"要争取多出口一点东西，换点高、精、尖的技术和设备回来，加速工业技术改造……"[1]。20 世纪

　　[1]　历史选择了邓小平（16）[EB/OL].（2018 - 04 - 11）[2021 - 05 - 27]. http://cpc.people.com.cn/n1/2018/0411/c69113 - 29919071.html.

70 年代初随着中美关系缓和、中日建交，中国开始引进美国和日本的石油技术和设备。1973 年国务院批准进口先进的海洋勘探、钻井技术设备，其中就有从日本购买的设备，如"渤海 2 号"钻井平台；1976 年引进美国和新加坡的海上勘探技术用于南海的石油勘探，如"南海 1 号"自升式钻井平台等。❶

从贸易上看，中国在实现了自给自足、满足国内需求的同时，原油开始对外出口。20 世纪 70 年代中国原油生产实现了快速增长，原油产量 1973 年、1978 年接连突破 5000 万吨和亿吨大关，连创历史新高，随之带来了出口量的增加，1973 年中国开始向日本等亚洲邻国出口原油，第一批出口原油就产自大庆的产油区。第四次中东战争爆发也促使了中国原油进入美国市场，成为美国新的原油供应国。中国不仅满足了石油的自给自足，还对外进行石油出口，中国的石油出口量步入快速增长时期。1972—1975 年，出口量从 80.6 万吨增至近 1057.9 万吨。截至改革开放前的 1977 年，中国石油出口为 1069.1 万吨。❷

从中华人民共和国成立初期到改革开放前的中国国际能源合作，受朝鲜战争等一系列内外部动荡因素的影响，合作的对象和内容比较单一、有限，主要合作对象是以苏联为主的社会主义国家，合作内容主要是围绕石油进行的勘探技术、经验借鉴和人员培训等。"集体安全"能源合作毫无疑问对中国在朝鲜战争获得更多的主动权起到了至关重要的作用，但是中苏关系的破裂也在很大程度上让中国意识到能源生产的重要性，自给自足步伐加快。自给自足也是迎来 20 世纪 70 年代出口高峰的基础条件，而能源领域的自给自足是经济独立的首要任务，对中国在特殊历史时期下国际地位的巩固发挥了重要作用。

---

❶ 《中国石油钻井》编辑委员会. 中国石油钻井（综合卷）[M]. 北京：石油工业出版社，2007：5.

❷ KARAN P P, SMIL V. China's energy: achievements, problems, prospects [J]. Geographical review, 1978, 68 (1): 109.

第二节　"引进来" 国际能源
合作阶段（1978—1992）

一、"引进来" 国际能源合作的背景

（一）国际因素

从改革开放开始至 20 世纪 90 年代初，国际环境处在以美国为首的西方国家与社会主义阵营冷战的后期，中国在政治上已经恢复了联合国的合法席位，经济上通过实行改革开放成为全球最大的发展中国家，中国与美、日关系修好，贸易往来增加，在国际政治和经济上的地位逐渐凸显，逐渐成为国际秩序中的重要一极。

石油价格和供需方面，由于 1978 年世界第二大石油出口国伊朗政局动荡，导致了第二次石油危机爆发，1980 年后又爆发了两伊战争。受战争因素影响石油产量大幅度下滑，石油产量从每天 580 万桶下降到不足 100 万桶，全球原油市场供应出现危机，供需平衡被打破，油价从每桶 13 美元上涨到每桶超过 30 美元。整个国际环境正值美苏冷战的后期，全球政治的对峙和中东地区的动荡加剧了石油市场的波动，国际油价大幅度波动总体呈上涨走势。全球能源秩序的主导力量悄然变化，20 世纪 70 年代中期到 80 年代中期，在石油输出国组织（Organization of the Petroleum Exporting Countries，OPEC）主导作用下，全球石油市场经历了十多年的高油价时期，然而从 20 世纪 80 年代中后期开始，由于两伊战争等争端加速了内部的分裂，其整体力量被削弱。同时，国际大宗商品交易的市场机制开始发挥作用，西方发达国家能源结构调整加快，石油节约和替代技术的重视开始冲击传统能源供需，加之非石油输出国发现大量油田，使石油产量上升，非

OPEC 国家开始在世界舞台上发声。

这一时期，为了应对油价的上涨和国内经济的衰退，美国、欧洲发达国家、日本等主要能源消费体加快了能源结构调整，积极发展石油节约和替代技术，国际能源格局出现了多方博弈的复杂局面，OPEC 产油国与非OPEC 产油国之间、产油国与消费国之间在稳定石油供应和价格问题上陆续出现了协商与合作，这一时期是国际能源市场从波动走向成熟的时期❶。同时，在新的能源合作领域上，海上石油的勘探和技术在发达国家得以推广并在实践中趋于成熟。

（二）国内因素

1978 年召开的党的十一届三中全会决定把国家工作中心转移到经济建设上来，制定了对内改革、对外开放的战略方针。党中央非常重视中国改革开放后在国际舞台上的作用。党的十一届三中全会指出，在自力更生基础上积极发展与世界各国的互利合作关系。党的十一届三中全会后，能源合作成为中国引进国家建设急需资金、技术和管理经验的重要抓手。1978年中央恢复成立石油工业部，确立了"能源开发与节约并重，把节约放在优先位置"的原则。为了鼓励能源产业由计划经济向市场经济过渡，相继出台了一系列❷的政策文件。随着 20 世纪 80 年代末中国能源需求的变化以及新能源对全球能源格局的改变，天然气、核能等其他形式的能源国际合作开始萌芽，市场开放带来了市场主体的多元化，能源跨国公司发展成为国际化战略的一个重要体现。中国国际能源合作对象开始向发达国家扩展，合作内容在常规油气方面开始涉及海上领域合作开发和设备引进，在替代能源方面开始接触合作，比如和日本开展节能领域的合作。

改革开放带来了中国石油贸易的变化，石油出口量在这一阶段经历了

---

❶ ZAGORIA D S, WOODARD K. The international energy relations of China [J]. Foreign affairs (Council on foreign relations), 1981, 59 (5): 1191.

❷ 《国家经济委员会、国家计划委员会关于加强节约能源工作的报告》（1980 年）、《中华人民共和国对外合作开采海洋石油资源条例》（1982 年）、《国家经济委员会关于加强农村能源建设的意见》（1986 年）、《中共中央关于进一步治理整顿和深化改革的决定》（1989 年）。

上涨和迅速回落的过程。1972—1993年，我国都是石油净出口国，20年间向国际市场出口3.77亿吨，1978年当年的出口量为1133.3万吨。改革开放带来了大量的石油贸易和外汇储备，1980年升至1800多万吨，1985—1990年的石油出口甚至每年超过了3000万吨。其中1985年达到中国石油出口的历史峰值（超过3600万吨）。1990年以后中国的经济进入了改革开放的关键时期，国内的经济建设如火如荼，对石油的需求量大幅度提升，进口需求开始明显加大。1991年的石油进口量超过了1200万吨，1992年猛增到2000万吨以上，1993年超过当年的石油出口量。1993年也成为中国能源历史上标志性的一年，中国从此成为石油净进口国。1978—1993年是中国石油出口的峰值期，也是中国自给自足向净进口国转变的过渡期，相较前一个时期，国内石油生产进一步提升，进口量并不大，并且石油出口带来了一定储量的石油外汇。这一阶段中国石油产量及石油进出口量情况如表1.2所示。

表1.2　中国石油产量及进出口情况统计（1978—1993）　　　　单位：百万吨

年份	石油产量	石油进口	石油出口	净进口（＋）/净出口（－）
1978	104.049	0.001	11.333	－11.332
1979	106.149	—	—	
1980	105.942	0.827	18.062	－17.235
1981	101.219	0.710	18.842	－18.132
1982	102.205	1.572	20.897	－19.325
1983	106.066	1.349	20.926	－19.577
1984	114.601	1.125	28.687	－27.562
1985	124.887	0.900	36.304	－35.404
1986	130.670	3.501	34.620	－31.119
1987	134.125	3.234	32.938	－29.704
1988	137.028	5.084	31.423	－26.339
1989	137.651	10.651	31.064	－20.413
1990	138.284	7.556	31.104	－23.548
1991	139.791	12.495	29.307	－16.812
1992	142.037	21.247	28.956	－7.709
1993	144.004	32.960	23.150	＋9.810

资料来源：KARAN P P，SMIL V. China's energy: achievements, problems, prospects [J]. Geographical review, 1978, 68 (1): 109; 国家统计局工业交通统计司. 中国能源统计年鉴 1997—1999 [M]. 北京：中国统计出版社，2001：92 - 93.

二、合作领域拓展海洋开发新局面

改革开放初期，中国在海上石油技术方面处于刚起步阶段，缺乏资金、技术和经验，远远落后于国际先进水平。虽然，中国接触海上钻井方面的国际合作自 20 世纪 70 年代初便开始，比如，1973 年后中国进口一批海洋勘探、钻井技术设备，引进了日本、新加坡等国家制造或者设计的钻井平台，但由于海洋石油勘探开发对技术要求很高，中国在海上能源技术领域曾付出过一些惨痛教训。1979 年 11 月 25 日，"渤海 2 号"钻井船（隶属于石油部海洋石油勘探局）在渤海湾迁移井位拖航作业过程中翻沉。● 在发展初期，海上勘探开发的快速发展是需要借助国际合作的力量，实现某些关键领域技术突破和经验的积累。

改革开放使中国在石油勘探技术领域的合作范围逐渐扩展，海上石油勘探在这一阶段得到了重点发展。海上钻井合作呈现充足的合作前景，一方面，西方石油公司希望借改革开放契机进军中国海上能源的勘探和开采领域；另一方面，我国也希望通过海上石油合作，利用国内海上油气资源和市场的优势，吸引外资、增加外汇储备。改革开放后推出的一系列政策，从人才、技术、设备等多方面打开了海上全面合作的大门。

1979 年，中国石油部与 13 个国家的 48 家石油公司在 42 万平方千米海域内签订 8 个物探协议，在沿海组建了 21 个定位台站。● 1980 年，中国石油公司海洋分公司与日本石油公司达成了勘探开发中国渤海南部和西部海域石油的协议●，与法国石油公司签订勘探开发渤海中部海域的合同，之后又与美国阿科公司签订南海合作勘探合同。这些合作成果是改革开放初期中国与国外公司通过双边谈判确定的首批石油合作协议。1982 年国务

● 王轩. 领导干部问责制的制度化思考——对"渤海 2 号"事件的分析 [J]. 北京行政学院学报，2017（3）：63 – 70.
● 韩学功. "引进来""走出去"开创国际石油合作新局面——改革开放以来中国开展国际石油合作的回顾与展望 [J]. 中国石油和化工经济分析，2008（11）：41.
● 杜伟. 中日能源关系研究 [D]. 重庆：西南师范大学，2005.

院颁布《中华人民共和国对外合作开采海洋石油资源条例》。同年，中国海洋石油总公司（2017 年更名为中国海洋石油集团有限公司，以下简称"中海油"）成立，中海油"享有在对外合作海区进行石油勘探、开发、生产和销售的专营权"，全面负责在海洋事务上的能源合作招标具体工作。1983 年 6 月中海油与美国阿科公司及科威特海外石油勘探公司合作勘探发现莺歌海海域天然气井，经中外双方及世界权威机构评估，其储量相当于四川省当年全年产量并可稳产 20 年。[1] 1983 年年底，中海油首轮国际合作招标结束，成果显著，分别与 9 个国家的 27 家公司签订 18 个石油合同。[2]随后，中海油又于 1984 年和 1989 年进行了两轮对外合作的国际招标。从1982 年成立至 1992 年，中海油通过了 4 轮招标，同 16 个国家的 59 家石油公司签订了 100 个石油合同和协议，通过派遣技术人员进修、跟班学习、联合经营等方式[3]，对渤海、黄海、北部湾等海域进行了勘探开采，合作对象是美国、英国、日本、法国等西方发达国家。

在这一时期，海上能源国际合作取得了开拓性进展，中海油的成立使中国海上油气国际合作进程明显加快，海上能源合作也成为改革开放至1992 年期间，在能源领域开拓迅速的合作领域。

三、合作对象向西方发达国家扩展

20 世纪 80 年代，确定了 20 年"翻两番"的目标，即从 1981 年到 20世纪末的 20 年内国内生产总值"翻两番"。这意味着中国经济的年平均增长率需达到 7% 以上。这一时期，中国能源合作开始转变为向发达国家学习、引进先进的设备和技术。中美作为世界两大主要能源消费大国，从 20世纪 80 年代开始，陆续在煤炭、石油、天然气、核电等领域开展合作。

1979 年 1 月邓小平访美，与美国总统卡特签署《中美政府间科学技术

---

[1] 戴淑珍. 莺歌海"崖 13—1"气田简介 [J]. 涉外税务，1993（3）：41.
[2] 余建华. 世界能源政治与中国国际能源合作 [M]. 长春：长春出版社，2011：331.
[3] 《中国石油钻井》编辑委员会. 中国石油钻井（综合卷）[M]. 北京：石油工业出版社，2007：5.

合作协定》，该协定正式拉开中美能源合作的序幕，为两国政府此后签订30多个双边环境和能源协定奠定了基础和框架。❶ 1980 年，中美签署《中美环保科技合作议定书》。1982 年 11 月，中美能源资源环境会议在北京举行后，中美开始依托能源技术研究机构和应用企业上进行能源合作。除了1983 年 6 月在海上合作勘探发现莺歌海海域的"崖 13—1"天然气井外，1983 年 3 月 16 日，中海油又和美国贝克海洋公司在北京签订合同，决定合资兴办中国南海贝克钻井有限公司，负责筹资建造和经营管理半潜式钻井船，承租和出租钻井船，以及承包中国海域和外国海域的钻井作业。1983 年 3 月，双方在北京签订了关于合作开发山西平朔露天煤矿的中间协议❷，1985 年签订了《中美化石能源研究与发展合作协议书》。除此之外，中美还在水电站建设及核能领域共同开发上进行协商，1979 年，中美签订《两国水力发电与有关水资源利用合作议定书》；1980 年中美签订《水电合作附加议定书》；1985 年在核能问题上签订《中美和平利用核能合作协定》。在这一时期，美国放宽了对华出口管制，调整出口管制类别，《1979年出口管理法案修正案》生效后，对华出口管制进一步放宽。这些协议和框架，以及出口上的宽松政策迎来了中美在能源领域合作起步阶段的一次快速发展时期。自改革开放至 20 世纪 80 年代末，美苏两大集团的对立并未完全结束，美国从中国的改革开放中看到了巨大的市场利益，批准了更多的对华技术出口项目，也希望借机改善同中国的关系，中国也希望通过和美国的合作得到技术、资金和政策上的优惠，进一步扩大"引进来"的市场规模。随着 20 世纪 80 年代末至 90 年代初，两极格局发生变化，中国开始成为美国的主要遏制对象，中美关系严重倒退，美国布什政府限制向中国出口核电设备和高科技产品，能源领域的协议被迫中止。

改革开放至 1993 年，中国在与美国合作的同时，也开始与欧洲和日本进行合作。这一时期，中国与欧共体的能源合作主要以技术培训为主。1981 年国家科学技术委员会（以下简称"国家科委"）开始与欧共体能源

❶ 赵宏图. 能源合作：中美关系发展的新动力 [J]. 国际石油经济，2009（10）：2.
❷ 张芳. 中美能源合作探析 [D]. 广州：暨南大学，2006：5.

总司在管理法规政策和节能效率提升方面进行接触和交流。1982 年中国与欧共体签署了第一个能源合作项目合同，标志着能源合作的开始；主要是欧共体在中国培训能源计划官员、管理人员和高校能源教师等。1983 年欧洲煤钢共同体和欧洲原子能共同体与中国建立正式关系。与此同时，在欧洲信息技术研究与发展计划联合研究中心为中国官员讲授先进的能源计划及中国工农业领域能源供应趋势研究等。❶ 1985 年，《中国与欧共体贸易与经济合作协定》签订，其中第 2 章第 10 条指出："同意在各自权限内在所有双方同意的领域发展经济合作，尤其是工业和矿业、农业，包括农产品加工工业、科学和技术、能源、交通和运输、环境保护、在第三国的合作。"❷ 至 20 世纪 80 年代末，中欧能源在技术领域合作项目并不多，主要是通过两种合作机制，一种是承载中欧能源学习和交流的节能培训班；另一种是开展能源发展的政策性研究。中欧能源合作方式从起步时期的以人员和技术的交流为主，逐渐拓展到其他能源合作领域：在中国煤炭、电力、节能技术、石油和化工科技方面的合作，欧共体通过拨款资助合作项目以及派遣专家等方式进行合作。❸ 中欧在能源管理人才的培养上，组建能源管理培训中心，培训能源管理人才，为事后中欧能源合作奠定了基础。

改革开放后，中日能源合作体现在能源贸易进一步扩大，在贷款、设备引进方面给予政策支持。20 世纪 70 年代至 80 年代，随着中美关系的破冰，中日关系也逐步缓解，能源外交成为中日关系的重要纽带。中日能源合作始于 1972 年日本首相访华，田中角荣表达了从中国进口石油的愿望。随后日本第一家对华石油贸易公司"国际石油公司"成立，1973 年中日签订进出口协议以后，中日石油贸易进入常态化运行。改革开放政策推出后，按照中日能源协议，中日两国政府增加能源贸易，也在技术、设备和

---

❶　伍贻康. 欧洲共同体与第三世界的经济关系 [M]. 北京：经济科学出版社，1989：194.

❷　中华人民共和国和欧洲经济共同体贸易和经济合作协定 [EB/OL]. (1985 – 05 – 21) [2021 – 05 – 27]. http：//www. law – lib. com/law/law_view1. asp？ id = 76310.

❸　MAUL H. Europe and world energy [R]. Butterworths in association with the Sussex European Research Center University of Sussex，1980：267 – 283.

节能方面扩展合作，按照协议，中日在平等互利、互通有无的基础上，中国向日本出口煤炭和原油，引进日本的技术、成套设备和建设器材。[1] 据统计，1978—1985 年中国向日本出口原油 5000 万吨。改革开放后，日本向中国提供能源"专项贷款"，日本相关银行在北京首设代表处，前后开展了一些贷款业务和项目合作：1979 年 5 月、1984 年 12 月、1992 年，日本输出入银行三次与中国银行签署备忘录，承诺向中方提供三批能源贷款，数额分别为 4200 亿日元、5800 亿日元、7000 亿日元[2]，这些贷款直接服务于陆上油田、煤矿、海上资源钻井开发。1981 年 5 月，中日合作的第一口日产千吨原油的高产油气井在渤海投产。

总之，1978 年改革开放至 1993 年这个阶段，是中国改革开放后，融入国际能源市场、开展能源合作的开始阶段。这个阶段的国际能源合作被称为"引进来"的合作战略，以石油出口为主，即以吸引国外资金、设备和技术为目标的开放式合作、资源禀赋互补型的能源合作模式。该阶段实施以市场开放、能源出口换取资金、技术和设备的合作举措，注重石油出口贸易换取更多外汇，用以支撑技术和资源禀赋互补，着重于以本土资源开发利用为目标。这一时期，中国与西方发达国家开展合作，以吸引设备和技术，提升现代化技术水平和人才管理培训水平为主要目标，一定程度上推动了相关产业的发展进程，缩短了与世界先进水平的差距。

经历了从起步到学习，再到对市场环境逐渐适应的阶段，中国的能源开始全面融入国际能源市场各个领域。对中国而言，改革开放初期打开市场，以石油出口贸易为基础，扩大合作内涵，有助于中国快速融入国际能源市场。这一时期，还处于冷战的末期，在美苏对峙的背景下，国际社会对中国改革开放的市场前景高度期待，市场开放也为中国和西方国家合作提供了机遇。中国能源企业开始接触国际市场开放经营的道路，通过学习先进的技术、培养高素质的国际能源合作技术团队，从而推动了中国能源

---

[1] 1978 年 2 月 16 日，中日签订《中国和日本长期贸易协议》，明确写道"在平等互利、互通有无、进出口平衡的基础上，为发展两国间长期、稳定的经济贸易关系，经友好协商，中国向日本出口原油和煤炭，日本向中国出口技术、成套设备和建设器材"。

[2] 孙岩冰. 中日能源合作 40 年之互利 [J]. 中国石油石化，2012（20）：26 – 27.

的国际化全面开启。

"引进来"能源合作模式是融入国际能源环境初期的举措，尚谈不上主导权。伴随着中国成为最大发展中国家，在 20 世纪 90 年代中后期，这种单纯的资源禀赋互补性的能源政策逐渐不能适应中国能源利益维护需求。中国经济发展需求、国内能耗的上升、市场主体的多元化竞争，以及受制于金融、国际话语权等瓶颈，需要中国在能源领域主动作为，单纯靠"引进来"的国际合作模式在 20 世纪 90 年代以后逐渐被"走出去"模式替代。

第三节　"走出去"国际能源合作阶段（1993—2005）

一、"走出去"国际能源合作的背景

（一）国际因素

20 世纪 90 年代初，全球经济在贸易自由化、生产国际化、资本全球化推动下进一步发展，能源市场的全球化进程加快，能源问题逐渐成为南北争端、南南合作的重要议题。国际格局发生重大变化，这个时期最显著的国际力量变化是冷战结束后美国霸权主导全球秩序。冷战期间世界经济的分裂和政治的对抗加剧了能源尤其是石油市场的震荡，而苏联的解体宣告了冷战的结束，世界秩序进入探索世界政治、经济新秩序的时期。冷战结束后，统一的能源市场机制开始发挥主要作用，出现了发达国家与发展中国家、产油国与国际能源机构、产油国与主要消费国的关系变化，逐渐形成了多方参与的市场博弈和合作的局面。全球能源消费开始进入多样化发展的格局，基本的消费格局是以化石燃料为主，可再生能源、新能源消费并存，石油消费依旧占据主导地位，天然气消费比例上升，核能、风能、水力、地热等逐渐被重视并运用到有限规模的开发场景中。

能源格局顺应全球格局变化，能源生产和消费主体、不同组织和地区内都针对市场做出了适应性调整。原美苏两大对抗集团，立足资源禀赋和利益需求，形成了各自能源外交政策的方向和战略目标。俄罗斯等原苏联区域内拥有丰富油气资源的各国，纷纷加入世界油气市场，并且通过向欧洲输送油气资源，形成了比较稳固的双边经贸关系，能源议题成为俄欧关系维护中最坚固的利益纽带。同时，俄罗斯逐渐通过合作利用能源的方式来分化和控制欧洲的能力逐渐增强。美国一方，通过全球能源战略进一步强化其霸权地位。自 20 世纪 80 年代末国际石油体系的控制权从 OPEC 重回美国以来，美国进一步强化以自身及其盟友为核心的多方协作的国际能源霸权局面。美国开始注重对中东的霸权维护。进入 20 世纪 90 年代，美国开始走向全球单极霸权。从海湾战争开始，美国开始以战争的方式渗入全球能源主权中。[1] 美国以把握中东为核心，通过推行国际能源政策，维护美国在中东的霸权地位，继而维护美国的全球战略和国家利益。在此阶段，一系列的官方半官方文件和法案均体现了美国制定国际战略以及推出与之相匹配的能源政策，如 1991 年的《国家能源战略》，1998 年的《国家能源发展战略》，2001 年的《21 世纪的战略能源政策挑战》《面向美国未来的可靠、经济和环保的充实能源》，2003 年的《能源部战略计划》，2005 年的《2005 美国能源政策法案》等。而 OPEC 国家，在多方博弈下，其控制市场的能力略显不足，能源期货市场的影响力整体增强，市场的竞争也随之加剧，各产油国以及富油区开始吸引外资开发资源，在能源市场中开展自由竞争和合作。20 世纪 90 年代开始，能源消费区域化分布特点突出。此时，区域经济趋热，亚太能源消费凸显，全球各种形式的区域、次区域合作不断涌现，欧盟、北美自贸区、亚洲三大地区经济合作活跃。尤其是亚太，20 世纪 90 年代是工业快速发展的时期，整个区域的石油消费量大幅度增加，亚太地区石油消费超过欧洲，成为仅次于北美的第二大石油消

---

[1] 针对海湾战争的发动，美国前总统尼克松一语道破战争的目的："既不是为了民主，也不是为了自由，而是为了石油。"参见：崔守军. 海湾战争真相：世界能源中心的争夺战［J］. 现代阅读，2015（12）：6-8.

费区。这不仅和亚洲"四小虎"（印度尼西亚、泰国、马来西亚、菲律宾四国）工业腾飞有关，也和发达国家向发展中国家转移能源密集型产业有直接关系。韩国、泰国、中国成为区域内消费大国，中国自 1993 年成为净进口国后，1994 年石油消费超过了每天 300 万桶。

在这一阶段，国际原油价格经历了从稳定期到上扬期的过程，2003 年以前，国际油价处于 20 年的稳定期，期间受金融危机影响，油价短时间发生波动，曾一度跌至 10 美元/桶以下，一些突发事件刺激国际油价出现短期内的飙升，但基本快速恢复至 20 美元/桶之下，整体稳定在 30 美元/桶以下，保持稳定浮动。然而，2003 年以后，开始了第三次石油危机，国际油价大幅度攀升，2004 年、2005 年分别突破了 50 美元/桶和 70 美元/桶。

20 世纪 90 年代开始，能源多边合作逐渐活跃。能源议题在世界范围的重要地位日益凸显，塑造了各种形态的国际能源多边机制和组织，最具代表性的当属 20 世纪 60 年代以维护石油输出国利益为核心的同盟性的多边协调组织 OPEC，以及 20 世纪 70 年代第一次石油危机后出现的以维护西方发达国家能源安全的国际能源署（Internattonal Energy Agency，IEA）。能源问题随着全球性问题而发展，能源议题随之出现在各大多边机制框架下，作为重要的涉及国家利益、双边经贸合作乃至区域安全的抓手。越来越多的主权国家参与进来，各主权国希望通过能源对话与合作、缓解能源矛盾和解决能源争端，并且多边对话进一步规范化和制度化。随着全球经济一体化发展对"主权"这一概念的稀释，主权国家更倾向于依赖于国际组织实现对自身立场的维护、政策的协调、推动国家利益实现。

（二）国内因素

20 世纪 90 年代开始改革开放开始向内陆发展，第二产业、第三产业呈现快速发展。在实际 GDP 增长率中，第二产业从 1990 年到 1993 年，短短三年从 3.2% 增长到 20.4%，制造业从 3.4% 增长到 21.1%，中国能源消费也进一步扩大。自 1993 年开始，中国成为石油净进口国，当年中国能源消费总量为 115 993 万吨标准煤。1993—2005 年间，能源消费快速增长。经过十年发展，到 2003 年，中国能源总消费量为 197 083 万吨标准煤，

2005 年为 261 369 万吨标准煤。在能源总消费量格局上，石油消费依旧是最主要的形式，1993—2003 年，中国石油消费量增长了 71.4%，其他形式能源消费，天然气和一次电力及其他均有一定比例提升。1993—2005 年，天然气消费占总消费量的占比从 1.9% 提升到 2.4%，一次电力及其他能源占比从 5.2% 提升到 7.5%，具体见表 1.3。

表 1.3　1993—2005 年中国能源消费总量及主要消费占比

年份	能源消费总量/万吨标准煤	占能源消费总量的比重/%			
		煤炭	石油	天然气	一次电力及其他能源
1993	115 993	74.7	18.2	1.9	5.2
1994	122 737	75.0	17.4	1.9	5.7
1995	131 176	74.6	17.5	1.8	6.1
1996	135 192	73.5	18.7	1.8	6.0
1997	135 909	71.4	20.4	1.8	6.4
1998	136 184	70.9	20.8	1.8	6.5
1999	140 569	70.6	21.5	2.0	5.9
2000	146 964	68.5	22.0	2.2	7.3
2001	155 547	68.0	21.2	2.4	8.4
2002	169 577	68.5	21.0	2.3	8.2
2003	197 083	70.2	21.1	2.3	7.4
2004	230 281	70.2	19.9	2.3	7.4
2005	261 369	72.4	17.8	2.4	7.5

资料来源：国家统计局能源统计司. 中国能源统计年鉴 2020 [M]. 北京：中国统计出版社，2021：59.

从 1993 年开始，中国石油进出口平衡和依存度开始发生变化。1993 年石油进口量上升到 3296 万吨，比上年增加 50%；石油出口量为 2315 万吨，比上年减少 20%。1993 年中国变为石油净进口国，伴随中国经济的持续快速发展，中国能源消费逐年攀升，国内石油的生产以及有限的进口已经不能满足国内石油消耗的速度。国内的能源供需保证程度从改革开放初的 109.84% 下降到 1992 年的 98.24%。[1] 这个阶段，中国经济发展，对石

---

[1]　倪健民. 国家能源安全报告 [M]. 北京：人民出版社，2005：58.

油需求的急迫性和由此带来的对石油进口的依赖性问题开始凸显。中国能源消费的进一步扩大，1996 年成为原油净进口国，2002 年中国石油消费量超过日本，国内石油需求达到了 2.457 亿吨，成为世界第二大石油消费国、第三大石油进口国。2004 年石油净进口量突破 1 亿吨。尤其是进入 21 世纪，新一轮的高速增长带来了高能耗工业的迅速发展，中国石油对外依赖度明显加大；2004 年石油对外依存度上升到了 44%，能源形势面临新的挑战。改革开放初期，采用的以单纯技术和设备"引进来"进行共同开发的政策已经不能适应全球一体化快速进程下国内能源需求的变化。

1993 年，我国提出了"充分利用国内外两种资源、两个市场"[1]，这为中国石油企业"走出去"开辟国际化经营战略指明了方向。20 世纪 90 年代初，中国经济发展和改革开放事业进入新阶段。1992 年邓小平南方谈话成为中国改革开放的里程碑，党的十四大的召开明确了经济体制改革的目标是建立社会主义市场经济体制。1993 年，党的十四届三中全会通过《中共中央关于建立社会主义市场经济体制若干问题的决定》，决定建立与市场经济要求相匹配的现代企业制度，建立全国统一开放的市场体系，把国内市场与国际市场相互衔接，促进资源的优化配置，对内搞活和对外开放紧密联系、相互促进，增强国际竞争能力。[2] 1993 年 12 月，江泽民主席在中央财经领导小组会议上强调"稳定东部，发展西部，国内为主，国外补充，油气并举，节约开发并重"。1996 年，江泽民主席访问非洲六国后，明确指出加快"走出去"步伐，利用国内国外两种资源、两个市场，加速培育中国自己的跨国公司，促使中国经济更好地参与国际经济合作与竞争。

二、合作规模和企业国际化进程加快

1993—2005 年，根据合作目标和投资规模的不同，中国能源"走出去"可以分为两个阶段。1993—1997 年，是"走出去"的起步阶段，中国

---

[1] 中共中央关于建立社会主义市场经济体制若干问题的决定（中国共产党第十四届中央委员会第三次全体会议 1993 年 11 月 14 日通过）[J]. 新长征，1994（1）：10.

[2] 关于建立社会主义市场经济体制若干问题的决定 [N]. 人民日报，1993 – 11 – 17（1）.

能源企业在海外投资规模不大，主要是以小项目运作为主，大多是寻求油田开发项目特别是老油田提高采收率项目，也不求高效益，主要目标是熟悉国际环境，积累国际化经营经验；1997年之后，是"走出去"国际合作的成长时期，在这一时期的主要目标是，逐步涉足大中型油气项目，争取获得海外油气项目一定规模的储量和产量，物色和建立海外油气资源的战略替补区。❶

1993—1997年，中国能源企业"走出去"从事海外开发经营的起步阶段。通过海外油田收购和经营，中国企业开始熟悉国际石油投资环境、学习国际规则并培养国际经营管理人才，加快国际市场对接步伐。1993年中国与沙特阿拉伯（以下简称"沙特"）建立了石油贸易关系。沙特是世界重要产油国，与之建立贸易关系着眼长远的石油供应需求，也对提升高硫油炼化技术、对标世界石油工业水平等提供了机遇和平台。1993年，中国石油天然气集团有限公司（以下简称"中石油"）获得加拿大北湍宁油田的部分股权，中标泰国邦亚区块项目，与秘鲁签订塔拉拉油田7区作业服务合同，拉开了中国石油企业国际化运营的序幕。中国在秘鲁塔拉拉油田从中标、接管再到经营，收益可喜，两年时间内接管了秘鲁塔拉拉的6、7区块项目，并且接管后经过三年运营，原油产量从8万吨提升至30万吨，成为中国国际能源合作历史上首个成功收回投资的油气项目。1994年、1995年，中海油两次出资累计收购印度尼西亚马六甲油田39.24%股份，每年从该油田获得份额油近40万吨❷，成为其最大的股权持有者。第一船马六甲油田的原油于1995年由"丹池"号装载运抵中国。1993—1997年，中国能源企业先后在加拿大、泰国、巴布亚新几内亚等国参与多个低风险小项目，尝试产品分成、许可证和服务合同多种合作模式。❸

这一时期，中石油开始大规模参与海外有规模的油气勘探开发项目，

---

❶ 周吉平. 中国石油天然气集团公司"走出去"的实践与经验［J］. 世界经济研究，2004（3）：63.

❷ 金玉静. 印度尼西亚矿业：中印合作的重要领域［J］. 国际工程与劳务，2005（11）：20 – 23.

❸ 罗英杰. 国际能源安全与能源外交［M］. 北京：时事出版社，2013：293.

获取国外石油资源方式主要为参股或收购。在"做大业务规模、大中小项目并举、争当作业者"的战略目标下，开拓了北非、中亚、南美市场，发展三大关键项目，奠定了海外发展的基础。1997 年，中石油中标获得苏丹穆格莱德油田 1、2、4 区块开发权，并负责组建作业集团"大尼罗河股份有限公司"，中方占最大股份 40%，这是中国石油企业首次与外国石油公司联合投资 10 亿美元以上的共同作业的大型项目。3 年后该油田出口了第一船原油，项目运营以来效益显著，对促进中苏两国关系发挥了积极作用，2000 年 12 月该油田成为中国海外第一个千万吨级大油田。1997 年，中石油进军中亚能源市场，与哈萨克斯坦展开合作，收购其阿克纠宾油气股份公司 60.3% 的股份，成立了"中石油阿克纠宾油气公司"，获得了三个油气田的开采许可证和一个勘探区块合同。同年，中石油中标委内瑞拉陆湖项目，获得卡拉高莱斯和英特甘博油田 20 年开发权。2002 年，中海油斥资 5.85 亿美元成功收购西班牙在印度尼西亚的油田。同年，中化集团收购了阿特兰蒂斯挪威控股有限公司，从而实现了上游油气资源零的突破。2003 年，中石油收购开发哈萨克斯坦北布扎奇油田的合资企业德士古北布扎奇合资公司 100% 的股份，标志着中石油的海外原油获取方式由合作开发阶段进入了独资勘探开发阶段。同年，中石油在阿尔及利亚中标石油多个区块，获得勘探许可。2002—2004 年，中海油进行了六次，共计 15.53 亿美元的海外收购。❶ 到 2005 年，以中石油、中国石油化工集团有限公司（以下简称"中石化"）、中海油和中化集团四大国企为核心的中国石油企业，在世界 30 多个国家参与 65 个油气项目的勘探和开发，中方累计投资达 70 亿美元。❷

作为"走出去"的主体力量，1993 年以后，能源企业经历了系列改革，奠定了海外石油工业发展的制度性保障。1993 年后，为了适应国际能源贸易，国务院批准中石油总公司、中石化总公司成立中联油和中联化，承担一部分原油和成品油的进出口业务。1998 年国务院宣布重组石油工

---

❶ 罗英杰. 国际能源安全与能源外交 [M]. 北京：时事出版社，2013：294.

❷ 卢林松. 四大集团海外油气投资逾 70 亿美元 [J]. 海洋石油，2005（3）：25.

业，改革为混合经营，中石油、中石化明确了国有产权的地位，同时对国际石油公司业务结构进行调整，实现了海内外全产业链经营的能力。1999年，中石油、中石化和中海油进行重组改制，之后，此三大公司纷纷探索建立现代企业制度，开展内部大重组。2000—2001 年，中石油、中石化、中海油在美国纽约和中国香港上市，中国开始参与能源产品的金融运作，以构筑全球品牌信誉和提升综合竞争力，企业"走出去"的国际化竞争能力进一步提升。2001 年中国加入世界贸易组织后，市场主体逐渐丰富，民营、外资等非国有经济形式进入石油石化行业，中石油作为国际合作中最具代表性的能源企业，强调"积极扩大对外经济技术合作与交流，扩大各种形式的对外贸易，努力开拓国际市场，在参与国际竞争中发展和壮大自己"。❶

在这一阶段，中国进入了以市场经济管理体系为核心的改革阶段，不断推出投资、外贸、税收等配套改革举措。中国推出了以石油价格为中心的能源市场化改革举措和进行现代企业制度改革等系列举措：1998 年，《原油、成品油价格改革方案》出台，目标在于实现原油、成品油价格与国际市场接轨，有助于中国能源企业参与全面的国际市场竞争；企业引入现代企业管理制度，开始借鉴国外油气公司的管理和经营经验、对标国际市场深化改革。在税收上，加入世界贸易组织后，中国先后降低了原油、汽油等的关税，能源贸易进一步扩大；在投资上，吸引大规模外资，在炼化领域、销售领域等，开展了一系列的合作，等等。❷"走出去"能源阶段下，中国推出了一系列举措进行市场调整和现代企业改革，顺应全球化趋势，在合作和竞争中力求建立可靠稳定的石油生产和供应基地、注重提升国际化经营实效，以保证能源的供应和维护中国海外利益，也遭遇了一些竞标领域的困难，但整体上为中国能源国际化奠定了坚实的基础。

---

❶ "八五"期间和今后十年中国石油天然气总公司发展战略 [J]. 国际石油经济，1991（1）：67.

❷ 关于印发《原油、成品油价格改革方案》的通知 [EB/OL].（2011 - 08 - 16）[2022 - 02 - 24]. http：www. nea. gou. cn/2011 - 08/16/c_131051983. htm.

三、合作对象开拓多边框架能源对话

中国在成为石油净进口国之前，已经具有一定的国际能源合作实践活动，但尚未明确形成或提出"能源外交"的概念。中国参与能源国际组织的历程开始于联合国合法席位恢复之时。在联合国席位恢复初期至20世纪80年代末期，中国主要参与的是联合国下属机构的会议，如联合国贸发会议、联合国开发计划署、联合国环境署、联合国气候变化框架公约秘书处等涉及能源对话以及承办世界石油大会，总体参与程度比较低。中国和国际组织关系发展进入蓬勃阶段则是从20世纪90年代开始的。随着中国转为石油净进口国，能源紧张局面开始出现，由此带来的能源安全问题凸显，对能源外交及实践提出了更高要求。能源外交形式，逐渐由以前的以双边能源外交为主，以能源出口实现经济政治利益的模式，转变为20世纪90年代后期的双边、多边并重，积极开展多边形式外交，并以维护能源安全为主要战略目标。❶

在"走出去"国际能源合作这一阶段，中国与国际能源组织或机构的多边对话取得了快速发展。中国与国际能源署在1996年建立了伙伴关系，1996年10月，中国与国际能源署签署《关于在能源领域里进行合作的政策性谅解备忘录》，加强双方在能源节约与效率、能源开发与利用、能源行业的外围投资和贸易、能源供应保障、环境保护等方面的合作。同年12月，双方共同在北京举办"提高能效——煤炭和可再生能源"国际研讨会，在各领域开展讨论。1997年，中国受邀出席了国际能源署部长级会议，第一次以观察员身份参与国际能源署。2002年，国际能源署《开发中国的天然气市场：能源政策的挑战》的研究报告发布，为中国天然气发展提出了政策建议；2003年，国际能源署发布《2003世界能源投资展望》报告中，首次增加了有关中国能源部门未来投资方面的研究，国际能源署还加强和高校、科研机构、企业的合作。此外，中国还积极参与国际能源

---

❶ 薛力. 中国能源外交与国际能源合作 [M]. 北京：中国社会科学出版社，2011：390–392.

论坛（International Energy Forum，IEF）和能源宪章组织合作中，国际能源论坛是全球重要的国际能源组织之一，由能源生产国与消费国组成的非正式型对话组织，2000 年中国参加国际能源论坛；以《能源宪章条约》（Energy Charter Treaty，ETC）为核心的能源宪章组织，是建立在国际条约基础上，具有较强指导、规范各成员国和观察国之间妥善处理有关能源问题的组织。2001 年，中国成为国际能源宪章组织的受邀观察员国，2002 年派观察员到宪章秘书处工作，中国通过加强人员互访、会议研讨等方式进行合作和交流。

在和重要的国际组织及下设的能源机构、合作框架的合作方面，中国积极发展同亚太经合组织（Asia - Pacific Economic Cooperratton，APEC）、东南亚国家联盟（以下简称"东盟"）、八国集团（Group of Eight，G8）、上海合作组织等合作。APEC 是在"一带一路"倡议提出前，世界最大的区域性经济合作组织，生产总值和贸易总额占世界总额的一半以上。中国自 1993 年成为 APEC 成员后，积极开展能源领域合作，把能源合作在参与程度和层次上置于核心地位，不断扩展在机构改革、清洁与可再生能源领域合作内涵，定期参与 APEC 框架下能源合作机制，参与 APEC 部长会议中的一系列能源议题讨论。如 1993 年西雅图会议中"安全平衡的能源供给及合理的能源利用对保持地区经济发展和环境保护的重要性"、1994 年会议中"能源消费、转换中效率的提高、减轻能源的环境后果以及日本提出的 3E 目标"、1995 年会议中"建立亚太能源研究中心的倡议召开 APEC 能源部长会议的倡议以及通过多种途径促进能源部门的投资"等。[1] 从 1996 年首届举办开始，中国积极参与亚太经合组织能源部长会议。1990—2000 年，中国 3 次承办亚太经合组织能源工作组大会，10 次组织承办其下属专家小组会议及研讨会。[2]

20 世纪 90 年代开始，东盟经济实力凸显，逐渐成为中国海外能源贸易与投资的主要伙伴。2002 年，中国与东盟签署《南海各方行为宣言》，

---

[1] 许勤华，王红军. 亚太经合组织多边能源合作与中国 [J]. 现代国际关系，2009（12）：34 - 35.

[2] 徐莹. 中国参与能源国际组织的现状及前景 [J]. 现代国际关系，2010（12）：47 - 50.

为双方合作勘探南海油气资源打下基础，同年，中国与东盟最重要能源出口国——印度尼西亚的能源对话机制正式启动。第一次中印（尼）能源论坛的举行，为两国在石油天然气、可再生能源、电力和煤炭等方面深化合作提供了平台。2004 年、2005 年，东盟和中、日、韩先后举行了两届能源部长会议，探讨地区能源供应安全和能源合作事项；2005 年，中国与日、韩、印作为亚洲石油消费国与中东 8 个产油国召开了亚洲石油经济合作部长级圆桌会议，等等。从 20 世纪 90 年代开始，在和东盟的能源合作中，借助能源专门性机制——中国—印度尼西亚能源论坛、能源部长级会议、亚太经合组织能源工作组，不断凝聚能源合作共识。在次区域层面，发起于 1992 年的大湄公河次区域经济合作为中国与东盟在水电、能源运输通道方面建设提供了实践范本和规则参考。

除此之外，中国还广泛参与其他多边合作框架能源对话。1994 年，中欧多边能源机制合作举办了第一次中欧能源合作大会，1996 年在北京成立中欧能源工作组机制，每 2～3 年在欧盟和中国轮流举办中欧能源合作大会，由此逐渐发展为一种成熟稳定的中欧能源合作机制。从 2003 年开始，中国参与了八国集团的南北国家领导人非正式对话会议，双方开始围绕着包括能源安全与合作、环境保护和全球变暖等议题开展沟通和合作；中国在 2003 年后，也积极开展在上合框架内开展能源合作，等等。截至 2008 年，中国国家能源局参与的多边合作机制共有 14 个：国际能源论坛、APEC 能源合作、中国—欧盟能源对话、东盟 +3 能源合作、中国和海湾合作组织能源合作、中国和 OPEC 能源合作、上海合作组织能源工作组、中亚区域合作能源协调委员会、亚太清洁发展和气候变化新伙伴关系计划、甲烷市场化伙伴关系、湄公河区域合作电力工作组、能源宪章、世界能源理事会、五国（中国、日本、韩国、印度、美国）能源部长会。❶

总之，1993 年开始的"走出去"的国际能源合作本质上是着眼于全球油气供应能力，而非以前局限于本国能源技术和设备的国内需求上。"走出去"与"引进来"相互联系，是我国整体经济发展战略框架的一部分，

---

❶ 辛本健. 中国参与十四个国际能源合作机制［N］. 人民日报，2008 - 08 - 19（16）.

"走出去""引进来"战略本身是一种手段而不是目标。❶ 其特点是,由国家主导、能源企业及其他为主体参与,充分运用能源外交手段,利用外交资源保障国家能源安全或者以能源关系谋求国家其他利益所进行的各种与能源相关的活动。❷ 其目的是将产油国的地缘风险或国内形势对中国石油安全的干扰及影响降到最低。❸ "中国政府以充分利用两个市场为指导思想,推出市场化改革措施和对企业进行现代企业制度管理,提升海外油田经营能力。由于中国是国际能源市场的后进者,西方发达国家在石油领域具有先进的设备、勘探技术以及雄厚的资金支持等优势,中国企业海外市场"后进者"的身份受到西方大国的排挤,中国海外"寻油"也遭到打压和竞争,也面临着来自韩国、马来西亚、印度等国的竞争。但积极的一面是,"走出去"能源合作阶段下,企业在海外获得了可观的份额油、培育了人才、积累了经验;更重要的是,中国能源企业在走出去适应国际市场化过程中实现了成长。

第四节 "多元化"国际能源
合作阶段 (2005—2012)

一、"多元化"国际能源合作的背景

(一) 国际因素

进入 21 世纪,政治多极化、经济全球化进程加快,中国的崛起逐渐影响着国际力量对比,推动了国际秩序的转型与重塑,尤其是 2008 年金融危

---

❶ 刘元玲. 中国能源发展"走出去"战略探析 [J]. 国际关系学院学报,2010 (1):69.
❷ 许勤华. 改革开放 40 年能源国际合作踏上新征程 [J]. 中国电力企业管理,2018 (25):87.
❸ 夏义善. 中国国际能源发展战略研究 [M]. 北京:世界知识出版社,2009:15.

机后，中国经济成为世界经济的"提振器"。全球金融危机导致国际市场的能源需求大幅萎缩，原油价格从加速膨胀到破裂，国际能源形势持续动荡。

在这一阶段，新能源产业发展战略已经成为抢占全球竞争制高点的关键，一系列的新能源革命在全球范围内展开，开展新能源合作成为降低石油依赖的重要途径，凭借技术上的优势，西方发达国家在新能源国际合作领域占据主动权和话语权，一些国家采取了开放近海石油开发、加大生物柴油的生产、各种新能源替代供应等措施。对于美国，实力的相对衰落使其在维护中东能源及战争方面的成本逐渐升高，在赢取中东能源霸权的同时，美国新能源革命如火如荼：2005 年，美国总统布什签署《2005 国家能源政策法》，标志着美国开始实施光伏投资税减免政策；2007 年，《美国能源独立及安全法》通过，其中明确到 2025 年时清洁能源技术、能源效率技术的投资规模将达到 1900 亿美元；奥巴马上台后出台《2009 年恢复与再投资法》，规定划拨约 500 亿美元用于开发绿色能源和提高能效，其中包括可再生能源项目、改造智能电网、清洁能源项目等；2009 年，第一部温室气体减排法案——《美国清洁能源安全法案》出台。美国以能源独立为目的的自主化步伐加快，开始逐步摆脱对中东等外部石油的依赖，尤其是在美国页岩革命后，本土的石油天然气产量急剧增长，能源对外依赖度下降。2012 年，美国的石油净进口量较 2005 年的峰值下降了 45 万桶/日（36%），2005 年美国和欧盟的进口量大致相同，到了 2012 年，美国净进口量比欧盟几乎少了 1/3。❶ 对欧洲来说，由于传统化石能源资源少、消耗大，对外高度依赖中东石油和俄罗斯的天然气的进口，亟待面临能源转型，因此，新能源技术革命、低碳经济、节能减排和气候变化等相关议题成为欧盟的工作重点。2005—2009 年，欧盟先后出台了《可持续、竞争和安全的欧洲能源战略绿皮书》《安全、竞争、可持续发展能源战略》《能效行动计划》《欧盟未来三年能源政策行动计划》等，强调建立高效能、低

❶ BP 公司. BP 世界能源统计年鉴（2013 年版）［EB/OL］.（2013 – 07 – 02）［2016 – 05 – 25］. https：//www. bp. com/content/dam/bp/country – sites/zh_cn/china/home/reports/statistical – review – of – world – energy/2013/2013 – bp – stats – review – cn. pdf.

碳经济的能源市场，提高节能减排新目标，并且针对节能工作对欧盟及其成员国设立规范准则。

中国企业"走出去"面临海外环境的有限性和制约性逐渐凸显，中国国际合作思路的转变是和国际合作中碰壁和打压，以及潜在能源安全分不开的。金融危机后，中国的经济优势逐渐凸显，海外投资能力不断增强。然而，海外能源投资市场也充满了风险和不确定性，2005 年，中海油经历了收购美国优尼科石油公司失败的惨痛教训。❶ 这是中国当时企业涉及金额最多、影响最大的海外收购案。在美国一系列的政治干预和政策障碍下，最终竞购失败。美国、日本等西方发达国家，虽然对外资比较开放和自由，但对外资并购行为依旧持强硬的保守态度，经常通过限制投资领域、控制出资比例、限制性审批制度等手段，实现排挤和打压中国企业的目的。中国企业在海外"走出去"遇到的困境和中国的崛起引发的西方排华和警惕意识的提升息息相关。西方对中资在海外投资、并购普遍存有戒心。中国企业在海外，不仅会遭受来自技术、资金等领域的排挤，还有超越国际市场规则来自政治干预的打压手段，为更多中国企业"走出去"制造障碍。

进入 21 世纪，全球范围内能源安全问题备受瞩目。在跨境管道布局前，中国石油进口主要来源是以沙特为主的中东地区、非洲产油区、俄罗斯产油区，出口主要集中在周边国家，如越南、新加坡、菲律宾。大部分通过海上运输方式进行，继而造成对马六甲海峡和霍尔木兹海峡的高依赖。"9·11"事件爆发后，美国在中东强化军事部署，其对中东的军事干预直接或者间接导致的地区动荡，和庞大的军事部署，给中国的能源运输自主性提出了挑战。

---

❶ 2005 年 6 月 30 日，美国众议院以压倒性票数通过，要求美国政府中止中海油收购计划，并要求政府开展对收购进行调查；7 月 30 日参众两院又通过了能源法案新增条款，要求政府在 120 天内对中国的能源状况进行研究，一系列的法案和从中作梗最终导致中海油竞购失败。

（二）国内因素

进入 21 世纪，中国的崛起推动经济新一轮高速增长，中国汽车、化工、钢铁等实体工业迅速发展导致的高需求量，高耗能工业迅猛发展，石油需求量也持续增加，对外能源依存度攀升。自 2002 年，中国成为继美国后的第二大石油消费国后，对外依赖度持续增加。尤其在 2005 年后，中国能源需求增速明显加快，2010 年，中国石油进口量已经达到了 2 亿吨，对外依存度持续增长，到 2013 年，中国原油对外依存度已经达到 59%。❶

《能源中长期发展规划纲要（2004—2020）》作为一个中长期的规划，确定了中国能源国际化战略核心内涵，对中国未来的能源发展方向做出了明确的规划，强调了在国际能源合作中要充分利用国内、国外两种资源、两个市场，在立足于国内资源的勘探、开发与建设的同时，积极参与世界能源资源的合作与开发。2005 年以后，中央加大了在能源合作方面的支持力度和针对性的政策指导。政府倾向注重合作环境保障和规则机制的构建，推动国内相关部门进一步加大配合和协调力度，鼓励中国企业积极、全面、广泛地参与能源合作。在国际层面，中国提出了新能源安全观，给中国能源合作带来了新的转型：以共同安全为基础，以国际协作为核心，以互利合作、多元发展、协同保障为特征，以共赢发展为目标，更加注重能源的共同发展，为我国全方位、"多元化"的国际能源合作战略的实施提供了重要的理论支撑。2006 年，《境外投资产业指导政策》《境外投资产业指导名录》《可再生能源法》发布，确定石油、天然气境外投资的优先地位，以及可再生能源的法律框架。2006 年，中国在圣彼得堡对华会议上提出了"为保障全球能源安全，应该树立和落实互利合作、多元发展、协同保障的新能源安全观"❷，提倡每个国家都有充分利用能源资源促进自

---

❶　BP 公司 . BP 世界能源统计年鉴（2014 年版）［EB/OL］.（2014 - 07 - 02）［2016 - 05 - 25］. https：//www. bp. com/content/dam/bp/country - sites/zh_cn/china/home/reports/statistical - review - of - world - energy/2014/2014 - bp - stats - review - cn. pdf.

❷　胡锦涛 . 在八国集团同发展中国家领导人对话会议上的书面讲话［N］. 人民日报，2006 - 07 - 18 (1).

身发展的权利，绝大多数国家都不可能离开国际合作而实现能源安全的保障。2007 年，国家发展和改革委员会（以下简称"国家发展改革委"）公布《能源发展"十一五"规划》，要求节约优先，立足国内，加强国际互利合作的能源战略，构筑稳定、经济、清洁的能源体系，以能源可持续发展支持我国经济社会的可持续发展；2007 年 12 月，发布《中国的能源状况与政策》白皮书，在明确未来中国能源发展的基本内容基础上，增加了"依靠科技"的内容，为我国国际能源合作的内容上铺设了与国外能源科技合作的道路；2007 年，《国家核电发展专题规划（2005—2020 年）》和国家天然气战略发布。2008 年，《中华人民共和国节能法（修正案）》颁布，国家能源局和环境保护部成立。2009 年，中国在哥本哈根承诺 2020年碳强度在 2005 年基础上降低 40%～45%；2011 年"十二五"规划目标发布，设定目标能源强度减少 16%，碳强度减少 17%，在《能源发展"十二五"规划》中，提出了"完善国际合作支持体系"，强调积极稳妥参与国际能源期货市场交易以及积极参与全球能源治理，充分利用国际能源多边和双边合作机制。

随着中国能源安全意识的提高和相关法律政策的完善以及石油公司国际合作水平的不断提高，围绕着能源来源多元化、合作种类多元化、运输渠道多元化、合作方式多元化的内容，中国开始了"多元化"的能源合作道路，并围绕这一战略展开能源外交，朝着更加积极、主动的方向发展。

二、传统和替代能源多元化布局加快

"多元化"能源合作的重点，首先是必须保证在常规能源上的充足能源供应并实现一定规模的增长。中国能源企业实力和经营实效，随着"走出去"逐渐得到锻炼并发展壮大，中国开始由收购区块向直接并购公司转型，而且实现了从中东和周边地区到非洲、南美、欧洲的多地区的发展。2005 年以后，中国石油直接投资重点放在了北非—西非、中东、南美、中亚—俄罗斯等产油区，合作规模逐渐加大。❶ 国际能源合作对象上，不仅持续加强在中东、中亚、非洲产油区的合作，也开始深化和西方能源消费大国的合作，扩大境外油气投资和并购规模。2005 年，中石油与澳大利亚Baraka 石油公司共同参与毛里塔尼亚海岸第 20 号油气田开发；2005 年，中石油成功中标收购加拿大 Encan 石油公司在厄瓜多尔的油气资源。2006年，中国企业进军南美，以 4 亿美元与印度石油购得哥伦比亚石油公司股权。2008 年、2009 年，中石化先后收购加拿大 Tanganyika 公司、瑞士Addax 石油公司；2010 年，中石油与法国道达尔公司、马来西亚国家石油公司、伊拉克南方石油公司组成联合体与伊拉克米桑石油公司签署了哈法亚油田开发生产服务合同等。❷ 根据中石油发布的《2011 年国内外油气行业发展报告》，在 2011 年全球油气并购市场交易金额同比下降超过 3 成的情况下，中国公司海外并购金额高达 200 亿美元，其中中石化连续第二年并购金额超过 100 亿美元。❸

随着中美经济发展逐步深入，双方能源合作互补性逐渐显现，美国在清洁能源领域技术先进，从 2008 年以来是全球第一大风电市场，在引领在能源独立革命中，具有先进的页岩油开发技术。而中国在生产能力、市场和资本方面具有优势，可以有助于美国实现清洁能源领域从先进技术到产生规模效应的转化。中国高度重视新能源合作的战略地位，同美国开展了一系列的合作方案。在历次的中美战略经济对话中，中美清洁能源合作是一个重要议题，在新能源领域中美已经签署了一系列的文件❹，双方在提高能源效率、能源规划、洁净煤和"煤转油"技术、新型能源电池、核能开发利用、电动汽车、空气质量、水质量等领域均有合作，其中新能源技术和清洁能源是合作重点。2005 年中国调整国际能源战略，面对能源消费

---

❶ 刘立力. 中国石油发展战略研究 [J]. 石油大学学报（社会科学版），2004（1）：1－6.

❷ 中石油大事记 [EB/OL]. (2011－06－21) [2021－05/25]. http：//www. cnpc. com. cn/cnpc/iradsj/country_index. shtml.

❸ 中国石油集团经济技术研究院. 2011 年国内外油气行业发展报告 [M]. 2012.

❹ 中美签订了《中美化石能技术开发与利用合作议定书》《中美能源和环境合作倡议书》《中美城市空气质量检测项目合作意向书》《中美能源效率和可再生能源科技合作协定》《水电合作附加协议书》《中美和平利用核能协定》等文件。

加剧，中美续签了《中美化石能源技术开发与利用合作议定书》；同年 6月 30 日美国能源部北京办事处成立；同年 7 月，中美首次能源政策对话举行，双方探讨了包括石油天然气、核电、清洁能源、节能和提高能源使用效率等领域在内的合作。2006 年，中美在杭州举行的第二次中美能源政策对话中，续签《中美化石能合作议定书》框架下关于电力系统、石油与天然气、能源与环境污染、气候科学等领域的四个附件。2008 年，中美第四次战略经济对话，签署《中美能源环境十年合作框架》，确定了十年合作起步的优先合作的 5 大领域：电力、清洁水、清洁交通、清洁大气以及森林与湿地保护。同年 12 月，中美第五次战略经济对话，签署了《中美能源环境十年合作框架下的绿色合作伙伴计划框架》和《关于建立绿色合作伙伴关系的意向书》，鼓励中美两国各级地方政府之间，企业之间，学术、研究、管理、培训机构之间，以及其他非政府组织和协会之间自愿结成合作伙伴关系，为中美两国能源安全及经济和环境的可持续发展探索新的合作模式。[1] 2009 年国家主席胡锦涛与美国总统奥巴马进行会谈，随后发布了《中美联合声明》，表达双方在能源、气候和环境问题上的多项共识；签订了《关于中美清洁能源联合研究中心合作议定书》，同意在未来五年对中美清洁能源联合研究中心投入至少 1.5 亿美元，双方各出资一半，优先研究建筑能效、清洁煤（包括碳捕集与封存）、新能源汽车课题；同时，中美签署了《中美关于在页岩气领域开展合作的谅解备忘录》《中美关于建立可再生能源伙伴关系的合作备忘录》《关于中美能源合作项目的谅解备忘录》三项政府部门间合作文件，以及多项企业间协议。

在这一时期，中国与诸多在技术上占据优势国家在替代能源上开展合作。在氢能方面，中意氢能合作计划进展顺利，2005 年中意合作上海氢能研究中心正式启动，在氢能存储研究方面取得了巨大进步；在核能方面，中俄合作建造下一代先进核能系统，也是"863 计划"国家重点实验性核反应堆工程——"中国实验快堆"项目；在风能方面，中德合作成功研发0.13 万千瓦风力发电机组风轮叶片，从此改变了中国风电场设备大部分依

---

[1] 第五次中美战略经济对话成果情况说明 [N]. 人民日报，2008 – 12 – 06（3）.

赖进口的局面；在国际大型合作项目上，中国积极参与国际热核聚变实验反应堆计划，旨在通过可控的核聚变反应建设世界最大的"人造太阳"，等等。

"多元化"能源合作时期，海外油气产量快速增加，截至2013年，中国企业"走出去"20年，累计在全球33个国家执行国际油气合作项目100多个，建成五大国际油气合作区。[1] 2012年中国油气企业海外油气当量超过1亿吨，对外合作能源品种从最初以油气为主向煤炭、电力、风能、铀矿等资源扩展。

2005年以后，由于节能减排和新能源合作，中国一次能源消费量呈现明显变化。截至2013年，常规能源占比下降，煤炭消费占比明显下降，天然气、水电、核电、风电的消费占比明显提高，如表1.4所示。

表1.4 2006—2013年中国一次能源消费量及占比

项目	2006年		2008年		2010年		2012年		2013年	
	总量/亿吨标准煤	占比	总量/亿吨标准煤	占比	总量/亿吨标准煤	占比	总量/亿吨标准煤	占比	总量/亿吨标准煤	占比
煤炭	20.7	72.4	22.9	71.3	25.0	69.3	27.6	68.7	28.1	67.4
石油	5.0	17.5	5.4	16.8	6.3	17.5	6.8	16.9	7.1	17.0
天然气	0.8	2.8	1.1	3.4	1.4	3.9	1.9	4.7	2.2	5.3
水电、核电、风电	2.1	7.3	2.7	8.4	3.4	9.4	3.9	9.7	4.3	10.3
能源消费	28.6	100.0	32.1	100.0	36.1	100.0	40.2	100.0	41.7	100.0

数据来源：国家统计局能源统计司. 中国能源统计年鉴2020 [M]. 北京：中国统计出版社，2021：59.

三、跨境运输通道取得突破性进展

"多元化"国际能源布局的最大目标是保障能源供应安全。中国石油

---

[1] 赵庆寺. 国际合作与中国能源外交：理念、机制与路径 [M]. 北京：法律出版社，2012：173.

依存度一路攀升，石油贸易量逐步扩大，石油进口量逐渐增加，并且高度依赖海上运输，能源安全问题凸显。2005 年中国原油进口数量为 12 682 万吨，进口额约为 477 亿美元；到 2012 年，原油进口为 27 098 万吨，进口额约为 2207 亿美元。据统计，2005—2012 年，原油进口年增长量突破 10% 的年份有三年，2006 年、2009 年、2011 年均出现了比较大的增长。2006 年原油进口数量为 14 517 万吨，进口额约为 664 亿美元，同比增长率为 14.5%；2009 年进口量为 20 379 万吨，进口额为 893 亿美元，年增长率为 13.9%；2011 年进口量为 25 378 万吨，进口额为 1967 亿美元，年增长率为 11.4%。其中，海外石油进口依赖地区有近 80% 来自中东和非洲，中东占据石油进口比例的 40%~50%，中东占据 30% 左右。2005 年从中东进口石油占比为 42%，非洲占比 34%，到 2012 年从中东进口石油占比超过 50%，非洲进口占比超过 25%。❶ 这两个地区的石油主要是通过"印度洋—马六甲海峡—南中国海"这一海上航线运抵中国。运输路径是单一、有限的，而"马六甲困局"对日益消费增加的中国能源已经构成了安全威胁。在中国油气消费的日益增长形势下，构筑"多元化"的能源进口系统是中国石油安全战略的重要组成部分。这一时期，中国在东北、西北、西南进行了四条国际输油气管线铺设工程，跨境能源运输网建设取得了突破性进展。

中哈石油管道是中国首条境外原油运输管道，西起哈萨克斯坦阿塔苏，经中哈两国边界的阿拉山口口岸，最终抵达中国独山子，设计输送能力为 2000 万吨/年，项目投资和运营管理等工作由"中哈原油有限责任公司"负责。该公司是在中石油和哈萨克斯坦国家石油运输股份公司组建成立的合资公司（分别持股 50%），投入商业运营以来，中哈原油管道进口原油量以年均 20% 的速度递增，自 2006 年 5 月中哈原油管道正式通油到 2012 年末，已累计进口管输原油 5080 万吨，贸易值达 328.5 亿美元，实征税款 363 亿元。❷

---

❶ 郑国富. 中国原油进口贸易发展的现状、问题及完善——以 2001—2018 年数据为例 [J]. 对外经贸实务，2019（05）：72-74.

❷ 中石油拟扩建中哈原油管道 [J]. 设备监理，2013（3）：63-64.

中俄石油管道是中国与俄罗斯共建，此管道是中俄作为两大邻国和能源消费互补型国家建立的第一条石油管道。早在 1996 年，中俄两国领导人就针对加强油气战略合作、建设中俄原油管道做出重大决策。中俄石油管道合作恰逢国际油价下跌。在此影响下，俄罗斯作为能源出口大国，面临出口多元化的问题；而中国作为能源消费大国，过度依赖海上运输，给能源安全带来了不确定和风险。相邻两大国建立陆上管道运输有利于增加供应稳定性，是双方理性"双赢"的选择。2010 年 11 月进入试运行阶段，按照中俄双方协定，俄罗斯将在合同期 20 年内每年向中国输送 1500 万吨原油。

中国—中亚天然气管道是中国与境外国家共建的世界上最长的天然气管道，起自土库曼斯坦和乌兹别克斯坦边境，经乌兹别克斯坦中部和哈萨克斯坦南部后进入中国。2006 年，中国与土库曼斯坦签署了关于输气管道建设与长期天然气供应的框架协议。2007 年，哈萨克斯坦石油公司与中国石油天然气集团公司签署该管道建设的原则性协议。2009 年年底，管道全线通气仪式举行，A、B 两条管线投入运营。截至 2012 年年底，中亚天然气管道 A、B 线全线每年 300 亿立方米设计输气能力建设全部完成，日输气能力提升至 8900 万立方米，C 线于 2012 年 9 月开工建设。

中缅油气管道，是继前三大油气管道之后的第四大能源进口通道，自缅甸西海岸马德岛的皎漂，经中缅边境进瑞丽抵达中国，缅甸境内段由中国石油天然气集团公司和缅甸国家油气公司成立合资公司负责缅甸境内的运营和管理。境外和境内段分别于 2010 年 6 月和 9 月开工，管道设计能力为 2200 万吨/年、120 亿立方米的天然气。该管道的建设对中国石油进口缓解"马六甲困局"有直接的意义，可大幅度提升中国原油供应的安全保障能力。

此阶段，能源管道建设取得突破性进展。截至 2012 年年底，中国初步形成了陆上东北（中俄原油管道）、西北（中国—中亚天然气管道、中哈石油管道）、西南（中缅油气管道），和海上（经马六甲海峡的海上通道）油气进口通道的战略格局，能源供应的多来源、多通道、多方式，有助于中国实现油气运输的多元化，保障能源安全大局。

总之，2005—2012 年是中国国际能源合作逐渐走向成熟的阶段，国际合作围绕着能源来源多元化、能源种类多元化、运输渠道多元化、合作方式多元化等内容，开展了主要领域的一些突破，并围绕"多元化"战略展开了一系列的能源外交。在这一时期，以保障能源安全性和供应充足性为核心的能源体系性建设特性凸显，中国参与国际合作姿态更加主动，在互利合作、共赢的共识下加强与各国的能源政策的协调，积极参与多边能源合作、实现能源供应的多元化发展。这一阶段取得一些突破性进展：中国主动融入以新能源为引领的全球竞争制高点的竞争和合作中，积极开展与发达国家的新能源产业合作，签署了系列协议，投资和研发了一批项目，拓宽了风能、水电、核能、氢能、太阳能合作范畴，并取得了成效；在常规油气合作上，投资规模进一步扩大，进口来源地布局扩大，中国企业开始由收购区块到直接公司并购转型，而且实现了从中东和周边地区到非洲、南美、欧洲的多元化的发展；能源安全体系化建设取得突破，中哈石油管道、中俄原油管道、中国—中亚天然气管道、中缅油气管道建设快速进展；中国初步形成了西北、东北、西南陆上和海上油气的进口通道的战略格局。在中国能源消费持续加大、依赖性不断加强的大背景下，国际合作中的责任和义务也在不断加大，中国面临着更多的机遇与挑战。

第五节 "一带一路"国际能源合作（2013 年至今）

一、"一带一路"国际能源合作背景

（一）国际因素

新时期国际能源版图正悄然发生变化，主要出呈现两个鲜明的特点。

第一，非常规能源进一步成为新时期国际能源变革中的推动力量，传统油气需求呈现疲软态势，增速逐步放缓，在技术革命驱动下，非常规油气开采实现迅猛增长，世界对中东的石油依赖在降低。作为最大的能源消费国，美国进入页岩气、页岩油大规模商业化开采阶段并且产量大幅度提升，能源自主性逐渐增强，美国已经超越沙特和俄罗斯成为世界第一大石油和天然气生产国，逐渐实现"能源独立"并且迅速增加油气出口量。2017 年美国成为天然气净出口国，2019 年美国成为石油净出口国，对中东的能源进口依赖也处于较低水平。在政策上，加快节能环保新技术的运用、提升国内能源供应能力、应对气候变化等议题，成为欧美国家能源资源的主导方向。

第二，国际能源进出口国的角色转换以及国际能源主导者权力位移，正推动着国际能源格局发生着深刻变革，国与国之间的能源外交也日益活跃。未来世界能源市场特别是油气市场的供应多元化正在加速到来，卖方市场正在向买方市场转变，而能源消费主体也逐渐转向广大发展中国家，亚洲、拉丁美洲和非洲等新兴市场国家成为能源消费主要群体。美国能源信息署预计，2018—2050 年，亚洲的能源消耗将翻一番，成为世界上能源消耗最大、增长最快的地区，亚洲非 OECD 国家预计到 2035 年将在 2008 年的水平上增长 117%。其中，以中国和印度的增长最为明显，中印两国占全球能源总消耗的比例将从 2008 年的 21% 上升至 2035 年的 31%。❶ 而主要的能源消费国家的角色也在能源权力版图中发生变化。美国试图从"能源独立"向"能源主导"转变。占据金融优势的美国，随着能源出口，和 OPEC 之间将从有限的博弈开始转为全面博弈。这从 OPEC 发动原油价格战打压页岩油市场便能略知一二。由于能源消费市场主体角色的转变而引发的多方利益博弈，趋势正在加强，给未来的国际能源市场带来更多不确定性。

新时期国际力量对比出现新变化，世界多极化趋势更加明朗，发展中

---

❶ 非经合组织国家将引领全球能源消费 EIA 发布《2011 国际能源展望》［EB/OL］.（2011 - 09 - 28）［2021 - 05 - 25］. http：//news. bjx. com. cn/html/20110928/313106. shtml.

国家崛起，新兴市场和发展中国家成为世界经济增长的新引擎。中国作为仅次于美国的第二大经济体，对外影响力和主动塑造力逐步增强。自金融危机后，中国大国地位的重要性逐渐凸显，在西方大国实体经济衰退蔓延全球的情况下，中国政府迅速提出了大规模经济刺激计划，采取了措施，对全球经济复苏发挥了重要作用。在与世界的互动关系中，中国成为世界变局的重要组成部分和塑造者，国际地位和角色已经从"适应者""参与者"转变为"贡献者"，继而发展为"主导者"。2013年9月、10月，中国国家主席习近平在不同场合分别提出建设"新丝绸之路经济带"和"21世纪海上丝绸之路"的合作倡议，主张积极发展与沿线国家的经济合作伙伴关系，共同打造政治互信、经济融合、文化包容的利益共同体、命运共同体和责任共同体。2016年习近平主席访问沙特、埃及、伊朗三国时首次提出打造能源合作共同体；2018年10月18日，首届"一带一路"能源部长会议成功举行；2019年4月25日，"一带一路"能源合作伙伴关系正式成立，成员国共同对外发布了《"一带一路"能源合作伙伴关系合作原则与务实行动》。"一带一路"能源命运共同体的提出不仅和中国在全球能源格局中的角色变化息息相关，也是回应新时代国际政治、经济变化的新举措。

"一带一路"沿线国家能源资源丰富并且合作空间广阔。第一，沿线国家能源尚未开发的能源储备较为丰富。"一带一路"连接着俄罗斯—中亚地区、海湾地区两大优质化石能源富集区和欧亚两大能源消费市场，据统计，西亚地区（含埃及）的常规石油资源量为1680.4亿吨，约占"一带一路"总量的72.0%；俄罗斯和中亚地区为533.1亿吨，约占22.8%；其余地区为120亿吨，约占5.2%。❶"一带一路"沿线既有能源消费国，也聚集着能源生产国、能源过境国，合作空间广阔。第二，沿线国家清洁能源资源潜力大，开展低碳合作前景广阔。世界能源理事会初步估算，全球清洁能源的年理论开发量折合约45万亿吨标准煤，而全球每年一次能源

---

❶ 潘继平，王陆新，娄钰."一带一路"油气资源潜力与战略选区［J］. 国际石油经济，2016，10（10）：13.

消费总量折合标准煤约 200 亿吨，清洁能源足以支撑全球能源消费。"一带一路"合作主要地区的亚洲以及未来有合作潜力的非洲，主要清洁能源合计总量超过全球的一半。❶ 第三，大部分沿线国家尚处于粗放型能源增长模式，能源工业基础薄弱，多在能源开采与运输、基础设施建设、提升能源转化效率、能源服务与装备、风险预警等方面有合作的需求，通过"一带一路"能源落地，带动区域能源工业水平和区域能源安全系数的整体升级，为国际和地区经济社会发展提供可靠保障。第四，新信息技术和智能化时代为国际合作带来了契机。新时代信息技术和智能化会渗透到能源生产和消费的每个环节，5G、大数据、云技术等先进的技术深度融合，沿线国家都在寻求搭乘新技术革命浪潮机遇，通过国际合作进入创新驱动，提升能源生产和消费效率。

（二）国内因素

2013 年以后，国内能源发展面临很多挑战和制约，从中国能源困局看，油气的对外依存度持续攀升是事关战略性的重大问题。巨大的能源需求量和"缺油、少气、富煤"的能源结构决定了油气对外依存度会长时期保持高水平状态。2015 年《推动共建丝绸之路经济带和 21 世纪海上丝绸之路的愿景与行动》发布，当年石油和天然气的对外依存度分别达到 60.6%、32.2%，2016 年分别达到 65.4%、36.6%，2017 年中国成为世界最大原油进口国，2018 年中国超过日本成为世界最大的天然气进口国，2019 年石油进口量为 5.06 亿吨，对外依赖度高达 72%。国家统计局数据显示，2020 年国内原油产量达到 1.95 亿吨❷，对外依存度微升至 73%。究其原因，一方面，是国内石油产量的供给不足：从 2015 年开始，石油产量开始出现下降趋势，2015 年产量 2.1456 亿吨，2016 年下跌至 1.996 亿吨，2017 年产量为 1.92 亿吨，2018 年持续下跌至 1.89 亿吨，2019 年产量为 1.91 亿吨，仅仅同比增长了 1.1%；另一方面，国内石油消费却居高不

❶ 赵宏图. 超越能源安全："一带一路"能源合作新局 [M]. 北京：时事出版社，2019：8.
❷ 国家统计局 2020 年 12 月份能源生产情况 [EB/OL]. (2021-01-18) [2021-05-25]. http://www.stats.gov.cn/tjsj/zxfb/202101/t20210118_1812426.html.

下：从 2014 年开始，石油表观消费突破 5 亿吨后持续攀升，2017 年突破 6 亿吨，2020 年达到 7.40 亿吨，如图 1.1 所示。油气对外依存度不断攀升已成为当今中国能源革命中亟待解决的一大挑战，除此之外，还面临能源企业国际市场化竞争加剧、国内可再生能源需求迫切、美国和主要产油国权力转移带来的动荡等问题。

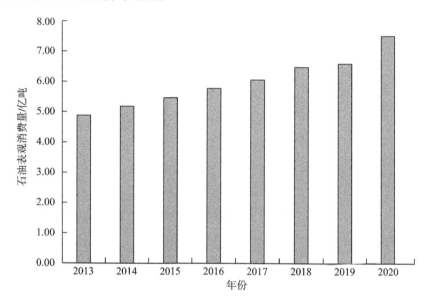

图 1.1　2013—2020 年中国石油表观消费量趋势

资料来源：2020 年全球及中国石油行业发展现状分析 [EB/OL]. (2021 - 12 - 20) [2022 - 02 - 25]. https://www.huaon.com.channel/trend/769006.html.

　　中国是能源消费大国和生产大国，与沿线国家资源禀赋互补，并存在诸多优势：一是中国能源基础设施建设方面处于国际领先地位，尤其是在火电、水电方面，可再生能源发电技术方面也逐步跻身世界前列。改革开放 40 多年，中国已具备了充足的电力供应能力并逐步增长，特高压输电技术、智能电网技术、风光储一体化技术都是业界领先；在装机总量和发电量上，中国居世界前列，电网规模和服务人口居世界首位，水电设计、建设、制造水平全面引领世界。中国拥有世界上最大的水力发电站和清洁能源生产基地；光伏发电新增装机从 2013 年开始连续居于世界首位，并于 2015 年超越德国成为累计装机全球第一。二是中国在能源关键领域的技术和设备国际化程度水平持续提升，逐渐向一系列自主成果转化。风电已经形成涵盖技术研发、整机制造、开发建设、标准和检测认证体系、市场运筹等领域具有全球竞争力的完整产业链体系；中国进军海洋领域，海上风电的关键技术取得突破；在核能领域，中国从对外依赖到全面掌握核心技术，逐渐打破国外垄断，完成了中国自主三代核电技术的研发和应用，海上核电、四代核电、先进核燃料及循环利用、小型堆等技术取得突破。三是中国具备支撑能源企业"走出去"足够的资金支持体系，并且具备一定海外运营经验。能源行业是资金密集、资源密集型产业，也是技术密集和装备密集型产业，比如中国电力行业"走出去"开展国际合作，具有投资回收期长、前期投入巨大、投资影响因素众多等特点，受多种风险因素影响，经营经验积累也尤其重要。中国鼓励能源企业在"一带一路"沿线国家进行投资，企业熟悉海外市场监管规则、市场竞争环境，并融入行业发展规划中。中国加大"一带一路"资金支持，2017年丝路基金新增1000亿元人民币，国家开发银行协助企业"走出去"资金问题等。

二、合作框架和顶层设计不断完善

"一带一路"倡议提出以来，在顶层设计上，中国不断完善合作政策和框架，出台了多份能源指导文件，通过打造高端能源国际会议平台和多双边交流合作机制，强化能源合作的战略地位、构建合作机制与框架、细化合作规则。

2014年国务院办公厅印发《能源发展战略行动计划（2014—2020年)》，明确了中国能源发展的五项战略任务：增强能源自主保障能力、推进能源消费革命、优化能源结构、拓展能源国际合作、推进能源科技创新。[1] 2015年国家发展改革委、外交部、商务部联合发布《推动共建丝绸之路经济带和21世纪海上丝绸之路的愿景与行动》，推进"一带一路"建

---

[1] 国务院办公厅印发《能源发展战略行动计划（2014—2020年)》[EB/OL].（2014 - 11 - 19）[2021 - 05 - 25]. http：//www. gov. cn/xinwen/2014 - 11/19/content_2780748. htm.

设，把能源列为合作重点之一，指出要加强能源基础设施互联互通合作，共同维护输油、输气管道等运输通道安全，推进跨境电力与输电通道建设，积极开展区域电网升级改造合作。❶ 2015 年习近平主席在联合国发展峰会上，倡议探讨构建全球能源互联网，推动以绿色和清洁方式满足电力需要，推动全球能源共享。在电力、石油、煤炭、天然气和可再生能源等专项"十三五"规划中，强调统筹国内国际两个大局、全方位实施能源对外开放战略、推动中国积极参与全球能源治理进程。2017 年国家发展改革委和国家能源局共同发布了《推动丝绸之路经济带和 21 世纪海上丝绸之路能源合作愿景与行动》，旨在古丝绸之路在能源合作领域焕发新的活力，促进各国能源务实合作迈上新的台阶。❷ 其明确了六大合作原则、七大合作重点，倡议共建"一带一路"能源合作俱乐部。这是中国首次提出建立能源合作机制，在此合作框架下，可探索构建若干具体能源合作机制，如构建能源交易市场合作机制、能源贸易和投资合作机制、能源过度金融化监管合作机制、能源企业合作机制、能源信息交流共享机制，推动更大范围内的能源资源优化配置。2018 年首届"一带一路"能源部长会议召开，共同发布了《建立"一带一路"能源合作伙伴关系联合宣言》，明确合作秉承共商、共建、共享的原则，促进各参与合作的国家在能源领域的共同发展、共同繁荣。❸ 2019 年"一带一路"能源合作伙伴关系正式成立，30 个成员国共同发布《"一带一路"能源合作伙伴关系合作原则与务实行动》，确定将每两年举办一次"一带一路"能源部长会议，并按照需要开展部长级培训班和能源合作领军人才培养项目等。❹ 2021 年 3 月国家发布《中华人民共和国国民经济和社会发展第十四个五年规划和 2035 年远景目标纲要》，指出要重视能源资源安全战略，拓展油气进口来源多元化、维

❶ 国家发展改革委外交部商务部. 推动共建丝绸之路经济带和 21 世纪海上丝绸之路的愿景与行动 [N]. 人民日报, 2015 – 03 – 29 (4).
❷ 国家发展和改革委员会国家能源局. 推动丝绸之路经济带和 21 世纪海上丝绸之路能源合作愿景与行动 [N]. 中国电力报, 2017 – 05 – 15 (3).
❸ 姚金楠. 共建"一带一路"能源合作伙伴关系 [N]. 中国能源报, 2018 – 10 – 22 (1).
❹ 国家能源局. "一带一路"能源合作伙伴关系合作原则与务实行动 [EB/OL]. (2019 – 04 – 25) [2021 – 05 – 25]. http: //www. nea. gov. cn/2019 – 04/25/c_138008739. htm.

护战略通道和关键节点安全、积极推进本币结算、加强战略性矿产资源规划管控、提升储备安全保障能力等。❶

在双多边领域，中国夯实双边的油气、电力、可再生能源等合作，搭建务实合作平台。中国与东盟能源中心共同实施"中国—东盟清洁能源能力建设计划"，旨在推动区域清洁能源可持续发展，分享清洁能源发展政策规划和技术应用等经验，推进相关领域的核心人才交流建设，计划10年内，在抽水蓄能、风电、太阳能、核电、传统水电五大专题领域为东盟培养百位政策技术骨干。❷ 在中国与阿拉伯国家双边合作上，2014年中国提出中阿共建"一带一路"的"1+2+3"合作格局，2017年提出推动成立中国—阿盟清洁能源培训中心，2018年中阿签署《中华人民共和国国家能源局和阿拉伯国家联盟秘书处关于成立中阿清洁能源培训中心的协议》，中阿清洁能源培训中心正式成立等。在中国与中东欧国家能源合作中，"16+1"能源合作走向成熟，已扩大到"17+1"，成立了中国—中东欧国家能源项目和对话中心（现调整为"17+1"能源中心），搭建了"中国—中东欧能源博览会暨论坛"，通过了《中国—中东欧国家合作苏州纲要》《中国—中东欧能源合作联合研究部长声明》《中国—中东欧能源合作白皮书》等文件。中国积极推动与主要的能源合作组织和多边国际组织的能源合作，深化在联合国、二十国集团、亚太经合组织、上海合作组织、金砖国家、中非合作论坛、澜湄合作、中国—阿盟、中国—东盟自由贸易区、中国—海合会等框架下的能源议题和合作范畴。

三、合作层面向全方位深度转变

能源合作是"一带一路"建设的重点领域之一，借助能源合作框架，合作领域得以拓展、规模得以扩大、质量得以提升。

❶ 中华人民共和国国民经济和社会发展第十四个五年规划和2035年远景目标纲要［N］. 人民日报，2021-03-13（1）.

❷ 中国—东盟清洁能源能力建设计划［EB/OL］.（2019-09-06）［2021-05-25］. http：//obor. nea. gov. cn/pictureDetails. html？id=2556.

第一，持续扩大油气合作多元化布局，重点强化清洁能源合作力度。"一带一路"倡议提出以来，中国与沿线国家油气贸易不断攀升，通过推动大型油气合作项目落地，构建更加紧密的利益共同体，拓宽和深化国际油气合作。2014—2020年，中国油气进口规模逐步扩大，如图1.2所示。"一带一路"沿线国家是能源合作的重点区域，进口原油占中国进口总量的67%，进口天然气占进口总量的85%。[1] 中国从"一带一路"沿线国家进口油气进口规模保持稳步增长，中国进口增长率居世界第一位。"一带一路"强化了中国能源进口的多元化，加速了亚太能源市场一体化进程。2019年《BP世界能源统计年鉴》区域间贸易流向数据显示，中国原油进口区域从以主要的中东国家为主，开始转向俄罗斯、西非、中东、中南美洲并举的进口格局。在天然气上，2020年，中国天然气进口来源多元化特点突出，进口LNG的来源国共24个，总体上，"一带一路"能源安全和进口多元化布局效果开始凸显。海外油气合作规模扩大，中国海外已建成哈萨克斯坦阿克纠宾、伊拉克哈法亚、土库曼斯坦阿姆河等9个千万吨级油气田和10多个200万吨以上级油气田[2]，形成了涵盖上游、中游和下游全产业链的油气合作格局。在清洁能源领域，合作规模和资金投入占比提升迅速，水电、风电、光伏等能源已是主要能源合作领域之一，2014年中国在"一带一路"国家能源领域总投资额为145.4亿美元，其中化石能源占比80.4%，可再生能源占比19.6%；2019年总投资为196.7亿美元，其中化石能源占比已降至56.1%，而可再生能源占比升至43.9%。[3] 美国企业公共政策研究所发布的数据显示，从2014年到2020年，中国在"一带一路"项目中可再生能源投资占比大幅提升了近40%，超过了化石能源投资。[4]

　　[1] 常毓文.坚持互利共赢原则深化"一带一路"油气合作 [N]. 中国石油报，2019 - 10 - 29（5）.
　　[2] 孙秀娟.中国石油"一带一路"交出亮丽成绩单 [N]. 中国石油报，2019 - 04 - 24（1）.
　　[3] 中国在"一带一路"能源投资中绿色比例到底有多大？[EB/OL].（2020 - 08 - 06）[2021 - 05 - 25]. https：//www.sohu.com/a/411692213_778776.
　　[4] 孙昌岳.绿色是"一带一路"最动人的色彩 [N]. 经济日报，2021 - 02 - 27（4）.

（a）2014—2020年中国原油进口量及增长情况

（b）2014—2020年中国天然气进口量及增长情况

图1.2 2014—2020年中国原油、天然气进口量及增长情况

资料来源：中国能源大数据报告（2021）：能源综合篇［EB/OL］.（2021-06-08）［2022-02-25］. https：//baijiahao. baidu. com/s? id=1701960324247634405&wfr=spider&for=pc.

第二，提升能源安全保障，基础设施互联互通取得积极进展。2015年发布的《推动共建丝绸之路经济带和21世纪海上丝绸之路的愿景与行动》，明确了能源基础设施建设是"一带一路"建设的重点之一，在顶层框架上明确了维护油气管道等运输通道安全、推进跨境电力与输电通道建设、开展区域电网升级改造的合作内容。"一带一路"倡议提出至今，跨境油气战略通道——中国—中亚天然气管线、中哈、中俄、中缅油气管道先后建成。数据显示，中国石油海外运营油气管道总里程达到16 500千米，原油管道8597千米，天然气管道7903千米❶，其中，在"一带一路"沿线国家已经建成四大油气战略通道总长度超过1万千米。❷中俄东线输气管道总长8000多千米，是当今世界最长的天然气输气管道，2019年12

---

❶ 中国石油天然气集团有限公司2019年度报告［EB/OL］.（2020-03-27）［2021-05-25］. https：//pdf. dfcfw. com/pdf/H2_AN202003261377008674_1. pdf.

❷ 三大油企深耕"一带一路"沿线油气合作区［J］. 中国石油企业，2019（5）：36-37.

月中俄东线天然气管道北段全线贯通并正式进气投产，2020 年 12 月中俄东线中段投产运行。中国与俄罗斯、蒙古国、缅甸、越南、老挝等周边国家电力互联互通项目也逐步落地，对优化区域能源配置、提升区域能源的安全起到了积极作用。近年，亚吉铁路开通运营，阿联酋阿布扎比码头、马来西亚关丹深水港码头正式开港等。瓜达尔港正式开航，标志着中巴经济走廊为中国和非洲能源新兴国家的合作提供了便利，一定程度上缓解了"马六甲困局"，等等。

第三，提升海外竞争力，能源企业"走出去"经营成效进一步提升。随着"一带一路"能源国际合作深入推进，中国能源企业通过贸易、投资、产能合作和工程服务等多种形式，在全球 52 个国家推动了百余个项目落地。❶ 国有能源企业作为企业"走出去"开展油气合作的主力军，在项目扩展和落地过程中发挥着主导作用。截至 2019 年年底，中石油共在全球 35 个国家和地区开展合作或业务。2020 年，中石油在世界 50 家大石油公司综合排名中位居第三，在《财富》杂志全球 500 家大公司排名中位居第四，在原油、成品油、天然气、化工产品国际贸易和海运业务均保持稳定发展，在亚洲、欧洲、美洲建成了三大国际油气运营中心。截至 2019 年年底，中石油已建成的海外油气管道总里程 16 500 千米，其中原油管道、天然气管道分别为 8597 千米、7903 千米。成功举办"一带一路"油气合作圆桌会议、中国石油国际合作论坛、中俄能源商务论坛、国际石油技术大会等重要国际会议。❷ 截至 2019 年年底，中石化在全球 25 个国家拥有 51 个境外油气勘探开发项目，在境外 43 个国家执行项目合同 507 个，合同总额 199.46 亿美元，与"一带一路"沿线 59 个国家的 125 家供应商和 154 家采购商建立合作，实现工业品贸易 112 亿美元，增长 124%。❸ 国家电网官网信息显示，中海油的资产和业务已遍及全球 45 个国家和地区；国家电

---

❶ 章建华. 能源合作是共建"一带一路"重点领域 [J]. 中国石油企业，2019，409（5）：38.

❷ 国际油气业务 [EB/OL]. （2020 - 04 - 25）[2021 - 05 - 25]. http://www.cnpc.com.cn/cnpc/gjyqyw/ktysc_index.shtml.

❸ 业务发展 [EB/OL]. （2020 - 04 - 25）[2021 - 05 - 25]. http://www.sinopec-group.com/group/scjy/gjhjy/.

网有限公司（以下简称"国家电网"），已成功投资运营巴西、菲律宾、葡萄牙、澳大利亚、意大利、希腊、阿曼、智利和中国香港等9个国家和地区的骨干能源网，在全球设立10个办事处。●中国电力建设集团（以下简称"中国电建"）牵头了中巴经济走廊能源合作规划、中亚五国可再生能源规划、东盟清洁能源路线图、孟中印缅经济走廊电力项目投资环境研究等。国企发展同时，民营资本"走出去"步伐也明显加快，赴海外投资规模日渐增长，逐渐从"走得出"向"走得好"转变。中国华信通过与"一带一路"参与国家合作，每年获得的稳定石油权益超过8000万吨；正泰集团股份有限公司生产的新能源与电力设备已进入"一带一路"沿线80%的国家，等等。

● 基本情况 ［EB/OL］. （2017 - 04 - 17）［2021 - 05 - 25］. http：//www. sgcc. com. cn/html/sgcc_main/col2017041715/column_2017041715_1. shtml.

第二章　中国国际能源合作的内外驱动力

在相互依赖的国际秩序中，国家的对外行为离不开来自内外两大环境的驱动，同时，国家的行为也对国际环境起到反馈和塑造作用。结构现实主义认为，国家是国际体系的构成单元，"国际结构—国家行为"具有相互影响作用，国际体系结构决定单元互动的关系。作为第一大能源消费国和最大的发展中国家，在世界能源体系面临第三次能源转型的历史大背景下，中国能源变革受内外两大因素驱动，能源国际合作面临来自国内、区域、国内的种种因素的影响。

第一节　中国国际能源合作的外部压力

一、新兴经济体崛起带来压力

进入 21 世纪，世界经济增长的中心悄然发生变化，新兴经济体的崛起成为一个不可阻挡的趋势。21 世纪初，美国长期卷入中东战争，世界经济平稳回升，发展中国家抓住了世界经济恢复的契机，以中国、巴西、俄罗斯、印度、南非为代表的"金砖国家"，以及成长潜力仅次于"金砖国家"的"新钻十一国"❶ 经济发展迅速。随着全球能源消费总量的上升，新兴

---

❶ 巴基斯坦、印度尼西亚、伊朗、韩国、菲律宾、埃及、墨西哥、孟加拉国、越南、尼日利亚、土耳其。

经济体带动了全球能源消费的增长的同时也带来了区域性竞争，中国作为最大的能源消费国和主要消费区域——亚洲的重要国家，在区域和全球都面临更多的责任。

全球新兴能源消费经济体的崛起，对能源秩序和全球经济产生了巨大影响。2008 年金融危机后新兴国家经济快速发展，追赶西方发达经济体的同时，石油贸易比重快速攀升，市场需求的增加间接促使第二次伊拉克战争后 5 年内的油价增长。新兴经济体的崛起，推动了世界经济总量的上升，也悄然改变着国际能源秩序的变迁：一方面，发展中国家崛起是世界经济总量快速增长的主要动力，世界和区域能源消费格局正在调整。中国、印度、韩国等东亚国家经济崛起，使亚洲经济增长成为世界经济的引擎，在世界市场上亚洲能源消费份额逐渐提升，特别是金融危机爆发后，亚洲经济的快速复苏引领了新一轮的经济增长。金融危机后，2010 年新兴市场国家对世界经济增长的贡献率就达到了 60% 左右❶，2016 年达到 80%❷，中国、印度、韩国等为代表的亚洲新兴工业化国家成为新一轮世界经济发展的中坚力量。根据世界银行的报告，到 2025 年，中国、俄罗斯、巴西、印度、印度尼西亚、韩国六大新兴经济体的经济增长总量将占世界的一半。另一方面，发达国家随着经济结构的调整、新能源技术革命及节约优先等能源战略的调整，尤其在化石能源的消费上增速放缓，而新兴经济体正值工业化发展的旺盛期，在传统油气领域的消费上占据巨大的消费优势，也在寻求在价格机制、消费国家话语权的主动性。伴随着全球深层次的结构变革，新兴经济体在世界贸易组织、国际货币基金组织和世界银行等国际组织中作用日益增大，在全球能源治理和经济事务上发挥着日益重要的作用，新兴经济体希望在全球能源秩序中获得更多的能源权力。

从有限资源看，新兴经济体的崛起带来了巨大的能源消耗，也势必会加剧经济体之间的竞争。"石油作为一种不可再生的资源，石油资源的短缺带来了国家间对能源的抢夺，对能源的抢夺又不可避免地增加了国家间

---

❶　新兴市场国家力量步入上升期 ［EB/OL］. (2011 – 01 – 07) ［2021 – 05 – 25］. https：//www. chinanews. com. cn/cj/2011/01 – 07/2771636. shtml.

❷　深化互利合作　促进共同发展 ［N］. 人民日报，2017 – 09 – 06 (3).

利益上的摩擦甚至冲突"。[1] 依据世界经济和能源行业发展趋势的判断，化石能源仍将是今后较长一段时间内的主要能源消费，从长期来看，新兴经济体大多已经进入工业化和城市化的快速发展阶段，对油气资源的需求将继续保持增长态势。英国石油公司（British Petroleum，BP）最新发布的2020年《BP世界能源统计年鉴》显示，化石燃料仍占全球一次能源消费的84%，石油仍占全部能源消耗的33%以上、煤炭占27%、天然气占24%。按照目前的消费量，化石能源维持不了50年。世界能源需求中心的不断增加以及消费市场从一个国家走向地区化的趋势，将增强全球对产油地区的依赖。由于全球资源的有限性和分布不均衡性的特点，从勘探、开发、运输等合作的各个环节都伴随着在技术、资金等具有对等优势的国家的竞争。不仅如此，所有的不可再生能源都是一种稀缺资源，资源拥有国的政策也会加剧这种竞争态势；新兴经济体的经济增长在促进能源消费的同时，也加剧了彼此之间的竞争关系。

从区域消费看，在新兴经济体分布区域中，亚太地区的经济增长最引人注目，其对世界能源消费的贡献也最大，特别是东亚地区已经成为世界经济的新引擎。世界能源消费大国中，中国、俄罗斯、日本、韩国分别位居第一、第三、第五、第九，东北亚地区的能源消费总量年均增长率远高于世界平均水平。根据BP的数据，在非经合组织国家中，以中国和印度为代表的亚洲国家能源消费增长速度更快。到2050年时，全球一次能源消费增量中的约2/3，在中国、印度等非经合组织的亚洲国家。未来二三十年，亚洲依旧是世界主要能源消费区域，相应的地区竞争也在所难免。如果中国替代能源的发展速度长期低于地区能源消耗水平的增长，一旦遇到周边战争或者石油禁运，地区能源供应就会趋于紧张，能源争夺就会成为诱发地区秩序变迁的一个重要因素。

从群体内部看，巨大的总消费量也带来了内部的相对竞争。"金砖国家"的经济总量在新兴国家的经济中引人注目。从其内部的石油消费情况

---

[1] 王以鹏，石秋峰，唐彦林. 奥巴马政府能源新政下的中美能源合作［J］. 国际关系学院学报，2011（3）：77.

就能看出新兴国家在石油消费未来的不平衡和竞争态势：整体一次能源消费增长迅速，消费量最大的是中国，其次是俄罗斯、印度、巴西、南非；从一次能源消费占总体消费量比例上看，中国占比超过60%，位居第一，而俄罗斯和印度占比在10%左右，巴西和南非的一次能源消费比重在6%和3%左右；"金砖国家"内部的能源消费第一大国是中国，而印度的能源消费潜力最大，其需求增速和经济发展态势紧跟中国，根据BP的统计数据，未来印度的传统能源消费将超过中国。中印两国构成两大能源消费态势，对"金砖国家"内部的能源合作，带来机遇与挑战。

从大国责任看，新兴经济体崛起，必将导致工业化崛起带来的巨大碳排放量。20世纪80年代以来，气候变化议题已经成为影响世界各国经济发展走向以及人民生活的重大问题，二氧化碳的排放被认为增加温室效应和极端气候发生的最直接因素。2019年，发达经济体（欧盟、美国、日本）的碳排放量仍占全球总排放的1/3，发达经济体以外的实体碳排放量增长了近4亿吨，其中近80%来自亚洲。亚洲地区的煤炭需求持续扩大，占能源使用的50%以上，约造成100亿吨排放。❶ 中国、美国、印度、俄罗斯、日本占据全球碳排放最大的五个国家，中国被认为是最具代表性的碳排放责任承担国。《京都议定书》确定了"共同但有区别的责任"原则，新兴经济体崛起成为气候变化议题的焦点。《巴黎协定》的签署，为实现长期碳排放设定了目标，中国作为全球能源大国和东亚能源消费引领国，被赋予了更多的大国责任。但目前国内的能源消费上，新能源的比重相比欧美较低。《2020年国民经济和社会发展统计公报》显示，2020年天然气、风电、核电、水电等清洁能源消费量占能源消费总量的24.3%，上升1.0个百分点。❷《能源生产和消费革命战略（2016—2030）》明确了长期

---

❶ 刘霞. 联合国《2019年碳排放差距报告》称，为实现气候目标：未来十年全球每年需减排2.7%［N］. 科技日报，2019－11－28（2）.

❷ 国家统计局. 中华人民共和国2020年国民经济和社会发展统计公报［N］. 人民日报，2021－03－01（10）.

目标，"展望2050年，能源消费总量基本稳定，非化石能源占比超过一半"❶，而依照当前的发展速度，替代能源消费还需要大踏步实质性迈进，保证年增长率在3.5%左右，才能实现2030年的目标。从执行程度上看，受经济发展不平衡的影响，发达国家在气候治理和能源消费革命领域保有技术优势，传统产业占比相对发展中国家普遍较低。发展中国家的经济发展到了关键的成长期，能源依赖强度都很高，全球范围内推行减排义务时，新兴经济体压力更大。从发展权上看，《巴黎协定》对气候变化中弱势群体发展权利的回应，是对其被剥夺的发展权的一种复归，《巴黎协定》也对集体人权给予充分关注，体现了发展权的人权价值取向。❷对中国自身来说，既要做到节能减排做好发展中国家的表率，也要通过节能减排，确立在国际经济秩序中的负责任大国形象地位，因此，节能减排，中国责任在肩。

新一轮经济增长下带来能源消费竞争的同时，对中国也意味着更多责任。我国作为最大的发展中国家和"一带一路"倡议发起者，在全球新兴经济发展问题和能源治理上是标杆，也是重要的责任承担者。

二、地区局势动荡加剧能源合作安全风险

剑桥能源研究协会董事长丹尼尔·尤金曾指出，"石油，10%是经济，90%是政治"。全球化带来了能源经济层面的重新洗牌，也意味着国际政治力量的深层角逐和国际利益的碰撞。国际能源政治因素，不仅包括传统意义上的国际关系、某一地区力量对抗或者影响力的角逐，同时也包括各种力量为争夺对某个国家或地区的直接或者间接控制权而展开的较量。中东地区是世界上石油资源最丰富的国家，但同时也是遭受民族分裂势力、恐怖主义势力、大国博弈影响最集中的地区，地区政治局势动荡，经济制

---

❶ 国家发改委、国家能源局. 能源生产和消费革命战略（2016—2030）［EB/OL］.（2017 - 04 - 25）［2021 - 05 - 25］. http：//www. gov. cn/xinwen/2017 - 04/25/5230568/files/286514af354 e41578c57ca38d5c4935b. pdf.

❷ 李雪平，万晓格. 发展权的基本价值及其在《巴黎协定》中的实现［J］. 武大国际法评论，2019，3（3）：39.

裁频发，给中国能源企业"走出去"投资和运营增加了安全风险。

从恐怖主义本身看，地区动荡引发的各种不安全因素会直接影响能源价格和海外能源企业投资利益：世界主要产油区的动荡会滋生一系列问题，并引发国内外问题产生联动效应，对地区能源价格，乃至能源秩序造成影响。如果能源资源国内部盘踞着民族、宗教、部族关系等历史问题，长期以来社会矛盾比较尖锐，那么，恐怖主义在各种宗教、政治势力的斗争中便会孕育而生，因此，地区局势动荡往往成为恐怖主义滋生的温床。作为中国原油进口来源第一大国的沙特21世纪以来多次成为恐怖主义组织进攻的目标。21世纪初，美国卷入中东战争便把能源问题作为核心议题，地区政治形势持续动荡造成了两伊问题、伊核问题等，局部战争会切断石油来源国的供应，刺激石油价格的攀升，威胁全球能源供需链的稳定性。恐怖主义在中东的蔓延和加剧，导致地区局势动荡，也直接影响了能源市场，比如，通过制造大规模的恐怖事件以及在占领区控制油田，直接把势力延伸到石油买卖领域，不仅影响石油正常贸易，且通过每年走私石油从中获利，把石油低价出售严重破坏了产油区的石油价格体系。因此，恐怖主义和局部战争、地区宗教冲突等问题相互交织，共同构成了全球能源安全的主要威胁。

对中国来说，石油来源地区中，中东、非洲是主要来源区，任何地区动荡带来的破坏价格机制、供应体系的后果都会直接影响整体的海外利益，导致能源企业"走出去"风险增加。"走出去"战略的主体是企业，从事境外投资和经营的代表和主体力量是国企"三桶油"（中石油、中石化、中海油），以及一些新兴的代表性民企，需要面对复杂不确定的投资运营环境。恐怖主义不仅严重影响中国油气企业的海外利益，也会损害中国企业海外投资的积极性，甚至破坏中国与有关国家既有的合作格局。中国国有企业一直是中国民营企业和中小企业的典范，是"走出去"的航向标，一旦中国国有企业在跨国经营中受到恐怖主义袭击，不仅会使其遭受人员伤亡和损失，也会对中小企业产生消极的影响，甚至会导致中小企业取消"走出去"计划。❶

---

❶ 熊际. 国际恐怖主义对中国企业跨国经营的影响及对策分析［D］. 武汉：湖北大学，2013：16.

　　从外部干预看，地区外某些大国的干预直接或者间接导致了地区的局势动荡，如西方国家的军事制裁和政治插手，使资源富集国家或地区成为大国博弈的海外战场，地区动荡具有长期性和逐渐恶化的态势。冷战后，两极格局解体，中东作为欧亚大陆的核心地带，西方世界开始对其进行政治干预，中东逐渐成为美国霸权塑造的主战场。美国干预中东地区的两种手段是："一是借反恐的名义继续保持军事部署，二是宣扬民主救世的论调。"❶ 美国处在经济、科技和军事领域的全球顶尖地位，在处理国际事务上，不仅通过协议框架和多边谈判等常规手段，军事干预是重要的一环，甚至在"单边主义"的诱发下，通过出兵采取直接军事打击来维护美国地区利益的最大化。1999 年北约发动科索沃战争、2003 年美国发动伊拉克战争，其主要目的之一便是为了获取全球稳定的石油供应利益，并且追求绝对能源安全，借此控制全球能源供应，把控石油话语权。"9·11"事件以后，美国加大了对以色列和叙利亚反政府军的支持，地区形势复杂化加剧，与此同时，随着军事干预的加强和军事部署加大，美国对地区能源的控制权逐渐增加，体现于对石油生产地区、石油运输管道区等关键咽喉要塞的把控。❷ 随着军事霸权的参与，其地区能源霸权地位也随之奠定。另外，外部的大国势力干预，也表现在一定程度和频发的经济制裁，对石油的贸易的影响更为直接。石油的禁运作为一种制裁手段，从第二次世界大战（以下简称"二战"）爆发到二战后，都存在其在经济、政治、军事上的目的。例如，二战以后，石油禁运也多次被运用，有些制裁是以国际法的名义实行的。能源合作需要的良性政策和市场环境遭到破坏，安全更是无法保障。

　　从中国维护海外投资利益角度看，北非和中东国家地区局势过于复杂，会直接导致缩小合作范围至核心产油国，如对俄罗斯、沙特等周边地区进行紧急并网和能源依赖转移，或者制定应急预案，来应对突发的国际

---

❶ 赛比耶－洛佩兹. 石油地缘政治 [M]. 潘革平，译. 北京：社会科学文献出版社，2008：31.

❷ 克莱尔，马志良. 致命的交叉点：石油、恐怖主义和美国国家安全 [J]. 国外社会科学，2003（6）：28.

制裁，从而避免正常的能源项目进度被阻断和合作项目的浪费。从未来的发展趋势研判，世界石油富集区上空笼罩的宗教冲突、民族问题、军事干涉阴霾短期内不会消散，地区局势依然复杂严峻，因为"单边主义"不仅有长久的生存土壤，而且有"极端化"倾向。地区局势动荡和外界干预，只会让地区形势更加复杂，滋生恐怖主义、海盗、贫穷等系列问题，制约"一带一路"合作效能的同时危害海外能源安全大局。

三、安全观差异导致能源合作阻碍

改革开放以来，中国经济持续发展，推动了国际地位的明显提升。金融危机爆发以来，中国成为亚太乃至全球经济发展的新引擎，国际经济形势发生了变化。随着全球化和企业"走出去"，中国的品牌竞争力和对地区经济发展的贡献受到认可。

正面的舆论认为，中国是世界经济发展的贡献国，巨大的市场也为未来发展注入动力，成为地区发展和世界经济的引领国，因此倡导"中国机遇论""中国贡献论"等。针对中国发起"一带一路"倡议和能源企业"走出去"，持支持态度的国家，其民众持肯定性评价居多，据《中国企业海外形象调查报告 2020》显示，超过 50% 的受访者认可"一带一路"建设对个人带来的积极意义；超过 60% 的受访者认为"一带一路"建设对沿线国家及地区带来积极影响；70% 以上受访者认可中国经济发展给全球和地区经济发展有积极意义。❶

第一，中国奉行独立自主、不结盟的外交政策，不干涉别国内政，"一带一路"倡议秉承"共商、共建、共享"原则，与非洲联盟的《2063年议程》、联合国《2030 年可持续发展议程》以及非洲各国内部发展战略相互对接，加强非洲内部的横向联系和紧密合作，把中国资金、技术、市场、企业、人才和成功发展经验等同非洲资源禀赋优势结合，助推非洲自

❶ 中国外文局中国企业海外形象研究课题组，翟慧霞，孙敬鑫. 2020 年度中国企业海外形象调查分析报告——以"一带一路"沿线 12 国为调查对象［J］. 对外传播，2020（12）：20 - 22.

主化发展；中国能源企业与苏丹、伊朗、缅甸、委内瑞拉等国在能源领域进行了较为密切的合作，这对中国在非洲的能源利益维护及企业成长起到了重要作用。第二，中国对非能源合作，承担相应的责任和义务。中国对非洲的援助和投资"不附带政治条件"。在中非的经贸合作中，即便在非洲国家受到西方经济制裁的情况下，在非洲的能源项目中国也不是排他的。根据"非洲共同增长基金"融资协议，中国的出资不只面向中国企业，同时要采用非洲开放银行的招标条件从事各项事务的合作，向非洲的主权担保和非主权担保项目提供联合融资，从事非洲基础设施建设。第三，对非能源合作，建立在充分尊重文化差异和推动本土化建设共识上。非洲很多国家经历了从部族到现代国家的发展历程，现代化程度相对落后，中国和非洲受地理因素、历史文化、政治经济等各方面的不同，在双边能源合作、经贸交往、文化认同方面都也存在着巨大差异。中国企业尊重当地文化、时间观念、劳动力管理，在非经营要求帮扶当地发展和企业本土化发展，企业注重辐射当地福利。中非在能源资源领域的合作中已经把本土化率、服务民生和社会慈善作为海外建设的共识之一和建设重点。

在国际能源合作项目优化过程中，需深化合作共识和诚意，稀释疑虑和不良舆论导向，主动作为营造和谐的商业氛围，以获得理想的经济效益和社会效益并举之策推进合作。中国企业"走出去"关乎国家形象，"增强我们整个民族的素质、遵循国际上的规则和规范、与时俱进不断更新观念、培养出一种宽容、大度、理解、友善的文化体系"❶，中国需要依靠自己的力量排除干扰阔步前行。

在能源领域，中美是世界前两大消费国，也是重要的能源生产国。随着美国"能源独立"和成为净出口国，中美竞争方式和竞争领域也会随之发生变化，但是作为巨大能源消费国和崛起国，中美结构性矛盾的根本性局面并未改变。

当前，美国在全球能源格局中的角色正在寻求调整，也正在寻求主导性。在美国实现能源独立前，中美两国能源消费总和占据了世界份额的一

---

❶ 龙永图. 中国企业走出去关乎国家形象 [J]. 现代国企研究，2011（3）：6.

半。2000—2006 年，美国石油对外依存度从 60% 上升到 69%，2006 年到达了对外依存度峰值。石油对外依存度上升的过程，正值美国干预中东的时期，也是中美能源在消费市场竞争的时期。而美国认为，中国石油需求的激增推高了石油价格，使石油供应短缺的状况更为严重，被视为损害了美国作为全球石油进口大国的国家利益，因此，能源博弈和安全议题在竞争关系背景下迅速升温。但随着美国"能源独立"，中国已经超过美国成为石油第一大进口国。美国成为石油净出口国后，中美能源利益冲突的形式发生变化，美国从中国能源的竞争对手转变为遏制者，中国能源安全问题显得更加紧迫。

从能源安全观看，中美能源安全理念存在本质不同。在无政府国际秩序下，美国的能源安全追求的是一种"绝对的安全"，即通过对能源来源地中东的军事控制以及能源市场的金融控制，达到能源霸权的目的，同时通过以石油为战略工具，遏制其他竞争性大国或能源消费国的崛起，本质是霸权的战略理念和单边主义在能源领域的延伸。而中国的国际能源战略，主要是以保障国内供应为主要战略目标，追求的是一种"相对安全"，强调的是合作。"一带一路"倡议提出后，中国强调的是命运共同体的理念，秉承"共商、共建、共享"的原则。从现实上看，为实现战略遏制中国，美国在中国能源运输线路上的要塞霍尔木兹海峡和马六甲海峡，强化军事部署和海上控制力，以及"9·11"事件后，美国的军事力量进入中东腹地、中亚地区以及波斯湾沿岸，随之控制了中东内陆、波斯湾的能源运输。因此，海峡通道遏制成为美国全球能源霸权和遏制主要竞争者的重要手段和方式之一。

从能源合作对象看，中美能源合作对象的考量差异很大。自二战后，美国在对布雷顿森林体系的巩固过程中，由近及远逐渐形成了基于信赖关系为基础的划分层次，其核心是完全信赖关系的"五眼联盟"，以及有条件信赖的盟友关系、伙伴关系。

从参与能源合作程度和全球能源治理进程看，中美在国际能源市场上的身份是不同的。美国在国际能源合作处于垄断地位，与之相比，中国在能源贸易、能源金融方面都是后进者。美国凭借美元掌控国际能源市场、期货交易,从而影响能源贸易,在国际多边合作机制和国际组织中也享有足够的话语权,而中国作为国际能源市场的后进者,海外"找油"是在政府推行的双边协议或者框架下,以企业为合作主体推动项目落地得以实现。

第二节　中国国际能源合作的内部压力

一、传统油气对外依存度持续走高

作为一个油气生产和消费大国,中国油气可持续发展的基础首先是要保障油气资源的生产和供应。中国是能源生产大国,能源生产结构以煤炭为主。据统计,2020 年一次能源生产总量约合 40.8 亿吨标准煤,较上年增长 2.8%,原煤生产量为 39 亿吨(约合 27.8 577 亿吨标准煤),比上年增长 1.4%,原油生产量为 19 476.9 亿吨(约合 2.7 825 亿吨标准煤),天然气为 1925 亿立方米(约合 2.56 亿吨标准煤)。在能源生产结构中,原煤生产占比约 68.3%,石油和天然气加起来在 13.1%左右,水电、核电、风电等占比在 18.6%左右❶,如图 2.1 所示。这和中国能源资源禀赋分不开,中国的人均煤炭资源是世界平均的 50%,石油及天然气仅有 7%,"富煤、缺油、少气"是中国能源禀赋的基本面貌,这也决定了长久以来的能源对外依赖局面。

第一,中国油气资源禀赋决定了油气生产不能满足日益增长的消费需求,高依存度导致中国油气安全压力。在石油方面,中国石油可采资源有 2/3 分布在平原、浅海、戈壁和沙漠,1/3 分布在气候较为恶劣的地质条件下,主要分布在浅层和中深层,一半以上的资源埋在深入超过 2000 米,西部某些地区石油资源分布在深层,深埋于超过 3500 米的地下。总体上看,中国的石油可开采资源相对不足,探明储量的一半以上和待探明的可

---

❶ 国家统计局. 中华人民共和国 2020 年国民经济和社会发展统计公报 [EB/OL]. (2021 – 02 – 28) [2021 – 05 – 25]. http://www.stats.gov.cn/tjsj/zxfb/202102/t20210227_1814154.html.

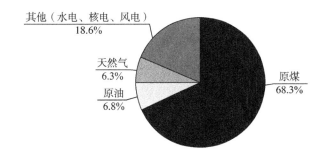

图 2.1 2020 年中国能源生产结构

资料来源：国家统计局. 中华人民共和国 2020 年国民经济和社会发展统计公报［EB/OL］.（2021 - 02 - 28）［2021 - 05 - 25］. http：//www. stats. gov. cn/tjsj/zxfb/202102/t20210227_1814154. html.

采资源量大多深埋地下或者难以开采。中国的石油产量结构是以开采大庆油田、胜利油田、克拉玛依油田、辽河油田这前四大产油区为主，开采其他油田❶产量为辅，随着技术的进步和国内的经济发展需要，国内石油产量呈现增长，然而增幅较少，基本保持稳态。2009 年中国石油产量为 1.89 亿吨，成为当年仅次于沙特、俄罗斯、美国之后的第四大原油生产国，中国于 2010 年石油产量达到了 2.03 亿吨，这个数值是 1980 年 1.06 亿吨产量的近两倍。从 1980 年到 2010 年，中国石油产量的增幅保持在 0.2 亿吨/年，2000 年以后，石油产量增幅相对放缓。❷

与此同时，中国石油消费量快速攀升，倒逼中国海外加快"寻油"步伐。中国在经历了改革开放四十多年发展后，目前处于工业化阶段的中后期，高能耗的工业产品在经济中比重很高，交通和工业带来的能源消耗是能源消费两大主线，尤其是汽车工业的发展导致汽柴油消费快速增长。在过去的经济发展模式中，以机械、钢铁、汽车等为代表的重化工业成为拉动经济增长的重要力量。从 2008 年开始，汽车消费进入"起飞期"，未来汽车工业的发展也会呈现腾飞的态势。2020 年中国车辆保有量超过 3.72

---

❶ 华北油田、大港油田、中原油田、吉林油田、河南油田、长庆油田、江汉油田、江苏油田、青海油田、塔里木油田、吐哈油田、玉门油田。

❷ 国家统计局能源统计司. 中国能源统计年鉴 2015 ［M］. 北京：中国统计出版社, 2016：289.

亿辆，其中汽车 2.81 亿辆❶，交通运输对石油的需求占中国石油消费总量的比例逐年上升，成为推动石油消费增长的主要动力之一。汽车消费的增长也带动了石油消费的增长，这一趋势目前仍在持续。

城市化进程也带来了巨大的油气消费。目前，中西部、城乡发展尚不太均衡，城市化是一项长久的进程。中国城镇化率从 1978 年的 17.92%，发展到 2020 年的超过 60%。2021 年《政府工作报告》指出，深入推进以人为核心的新型城镇化战略，加快农业转移人口市民化，常住人口城镇化率提高到 65%。❷ 城镇化一个百分点的增长，将意味着增加 1000 万以上的城镇人口数量，而城镇人口年均消耗能源约为农村人口的 3.5 倍。城镇化发展趋势也将带动油气及相关下游产品的消费，人均能源消费需求也会增长，未来中国仍将是消费增长最快的国家之一。中国 GDP（gross domestic productton，国内生产总值）的增长与能源生产和消费呈现总体正相关关系，如图 2.2 所示。随着中国经济发展，能源消费的需求会持续性增长。

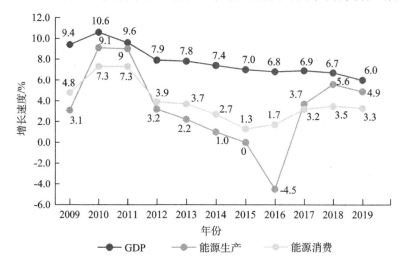

图 2.2　中国 GDP 与能源生产和消费增长速度

资料来源：国家统计局能源统计司. 中国能源统计年鉴 2020 [M]. 北京：中国统计出版社，2021：3.

---

❶ 公安部：2020 年全国新注册登记机动车 3328 万辆，新能源汽车保有量 492 万辆 [J]. 商用汽车，2021（1）：9.

❷ 李克强. 政府工作报告 [N]. 人民日报，2021 - 03 - 13 (1).

城市化进程中，天然气在我国能源系统中所占的比重和需求量实现了快速的攀升。中国前几位产气区是：鄂尔多斯、塔里木、四川、柴达木、松辽和珠江口盆地，其中，陕西、四川和新疆是我国天然气的主产地，利用管道进行西气东输。2003 年以后，中国天然气行业步入了黄金发展时期。即使在 2008—2009 年金融危机时，天然气需求仍实现了 10% 的增长，其背后的主要动力是中国国内城镇化建设需要、房地产投资拉动、煤改气项目落地以及天然气发电运用等进程加快。在工业能源消费上，由于受到气源不足、气价偏高等因素制约，2015 年以前天然气工业应用有限，自 2015 年 11 月非居民用气价格下调后，天然气作为工业燃料和新兴的化石能源的优势逐渐凸显，也被视为城市转型发展、"无煤"城市建设的重要替代能源。以北京为例，"无煤"城市建设已经取得了阶段性的成果："十三五"期间，北京煤炭消费从 1165 万吨减少到 173 万吨，煤炭消费比重由 13.7% 降为 1.9%，而同期，天然气的消费量从 145 亿立方米增长到 190 亿立方米。[1] 未来中国城市治理，以煤炭为主的能源消费格局逐渐向天然气、电力等转变。从国外的经验看，"气代煤"往往是从工业领域推广，作为主要燃料推广至发电领域。在可以预见的未来，随着气价下调会进一步刺激潜在需求客户的用气意愿以及偿付能力，中国能源市场对天然气的依赖逐渐凸显，需求量和海外依存度依旧持续增加。图 2.3 所示为 2010—2020 年中国天然气生产和消费总量。

油气资源的高依存度是能源安全不稳定因素之一。油气依存度不仅代表了一个国家的油气净进口量与消费量的比值，也反映了国内能源的自给率。依存度大意味国内的生产保障能力有限，如果能源一旦被切断，而且无法在短时间内实现能源的补给，就会对国家安全造成威胁。我国的能源自给率自 2000 年下降至 100% 以下并继续快速下降，到 2016 年已经下降到 79.8%。[2] 中国的高依存度、低自给率，反映了中国在能源高消费面前生产能力不足，以及国内经济高发展与支柱能源禀赋低承载力之间的矛盾。

[1] 骆倩雯. "三个协同"持续推进大气治理［N］. 北京日报，2021－01－19（1）.
[2] 2020 年全球及中国能源结构、能源强度现状分析及预测［EB/OL］.（2020－01－07）［2021－05－26］. https：//www.chyxx.com/industry/202001/826120.html.

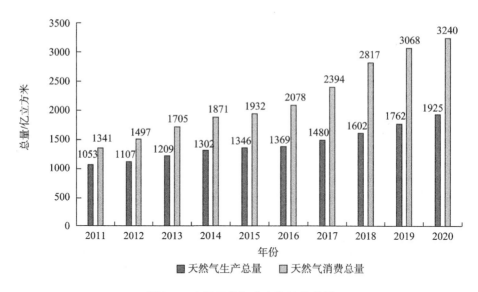

图 2.3　中国天然气生产和消费总量

资料来源：中电传媒·能源情报研究中心. 中国能源大数据报告（2021）[M]. 北京：[出版者不详]，2021：47－48.

中国石油对外依存度持续攀升是涉及能源安全的核心问题。从 1993 年中国首次成为石油净进口国后，对外依存度上升，开始推行"走出去"战略后，2009 年中国石油进口依存度首次突破国际公认的 50% 的安全警戒线标准；2011 年到达 55.3%，而当年美国官方公布的依存度数据为 53.5%。[❶]2015 年中国石油对外依存度首次突破 60%，2020 年依存度突破 70%（见图 2.4）。中国已经超过美国成为第一大石油进口国和消费国。随着美国的"能源独立"，对海外依赖性尤其是中东的依赖性已经弱化很多。中国比美国能源安全问题更为突出，另外，天然气的依存度也在持续性攀升，因此中国油气资源进口依赖性压力依旧存在，对国家安全构成了不稳定因素。

---

❶ 张徐. 冷静看待中国石油对外依存度的上升 [N]. 中国财经报，2011－08－06（4）.

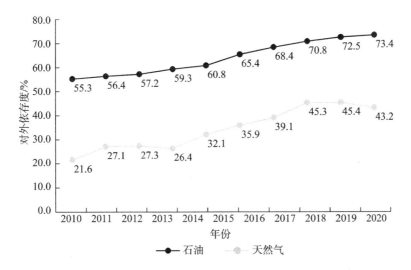

图 2.4　2010—2020 年中国石油和天然气对外依存度

资料来源：2020 年全球及中国石油行业发展现状分析 ［EB/OL］. （2021 - 12 - 10）［2022 - 02 - 25］. https：//www. huaon. com/channel/trend/769006. html；中美贸易谈判达成重要共识，两国贸易往来将深入拓展 ［EB/OL］. （2018 - 05 - 28）［2022 - 02 - 25］. http：//www. weinvestment. cn/news/detail/id/132；《2018 年国内外油气行业发展报告》发布 ［EB/OL］. （2019 - 01 - 18）［2022 - 02 - 25］. http：//news. cnpc. com. cn/system/2019/01/18/001717430. shtml；中国石油经研院《2020 年国内外油气行业发展报告》发布 ［EB/OL］. （2021 - 04 -29）［2022 - 02 - 25］. http：//center. cnpc. com. cn/sysb/system/2021/04/22/030030794. shtml.

第二，中东和非洲这两个地区在未来很长一段时期仍会是中国石油进口重要来源地。中国能源来源国家和地区分布广泛，有俄罗斯、中东地区、非洲地区、亚洲地区、南美洲地区以及极少数的北美洲和欧洲国家。尤其是，中国能源企业深扎中东和非洲市场，油气投资遍及伊拉克、伊朗、阿曼、阿联酋、叙利亚等国，西接地中海，南跨波斯湾。● 中东和非洲地区是中国石油进口的主要产区，如图 2.5 所示为中国主要原油进口地及进口量（2019 年）。未来，中国对这两个地区仍旧有高度的能源依赖：中东特别是海湾地区的石油储备占据了世界石油储备的 2/3 以上，在全球的能源优势短期内不会改变，中东地区石油可采储量的时间年限比世界各

● 中国石油推进中东地区合作建设纪实 ［EB/OL］. （2018 - 08 - 13）［2021 - 05 - 26］. http：//news. cnpc. com. cn/system/2018/01/23/001676255. shtml.

地的可采储量的年限的平均水平多 44 年。● 从企业"走出去"开辟合作区上看，中国海外油气合作区主要是以中东为主，非洲是中国第二大能源来源地区。随着国际合作和石油勘探技术的推广和企业规模的扩展，非洲地区近些年来逐渐成为中国国际石油工业投资和国际石油市场新开拓的地区。就其进口量以及比例上看，苏丹、加蓬、尼日利亚、南苏丹是中国能源企业相对比较成熟的地区，合作模式不断深化，这些国家也是中国石油进口较多的国家。

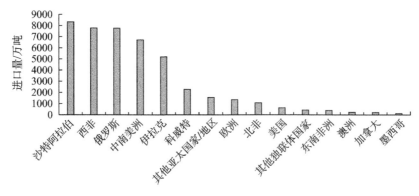

图 2.5　2019 年中国原油主要来源地及进口量

资料来源：London England British Petroleum Company. BP statistical review of world energy 2020［EB/OL］.（2020 - 06 - 17）［2021 - 05 - 26］. https：//www. bp. com/content/dam/bp/business - sites/en/global/corporate/pdfs/energy - economics/statistical - review/bp - stats - review - 2020 - full - report. pdf.

二、亟须管道风险和危机管控体系

提升进口能力的同时，应对突发事件水平、增强安全管控和风险预警能力给中国管道建设带来了双重压力。从类型上看，中国能源进口的运输方式有三种："一是用油轮通过海上运输通道将境外石油运至国内；二是通过管道将石油运至国内；三是通过铁路运送罐装石油。"● 其中，陆上运输由西北、东北、西南三个方向运达中国本土。目前，中国能源运输通

●　London England British Petroleum Company. BP statistical review of world energy 2020［EB/OL］.（2020 - 06 - 17）［2021 - 05 - 26］. https：//www. bp. com/content/dam/bp/business - sites/en/global/corporate/pdfs/energy - economics/statistical - review/bp - stats - review - 2020 - full - report. pdf.

●　史丹. 中国能源安全结构研究［M］. 北京：社会科学文献出版社，2015：30.

道布局逐渐扩大，油气管道输送里程逐年扩大，"一带一路"倡议提出后，中国能源管道建设能力翻了一番，如图 2.6 所示为 2014—2020 年中国管道输油气里程及增速。根据 2017 年国家发展改革委、国家能源局发布的《中长期油气管网规划》中提出的 2016—2025 年的建设目标，2020 年油气管网总里程达到 16.9 万千米，至 2025 年我国油气管网总里程将达到 24 万千米，其中天然气管网 16.3 万千米、原油管网 3.7 万千米、成品油管网 4 万千米。❶ 公开数据显示，截至 2020 年年底，中国油气管道总里程达到 14.4 万千米❷，距离目标还有一定差距。未来，中国还将持续扩大陆上油气管道进口的能力，强化对海上石油接驳能力，加强对天然气管道、原油管道、成品油管道布局，完善石油储备体系建设等，同时，陆上运输的相应的风险管控和突发事件应对能力建设也需要加快步伐。

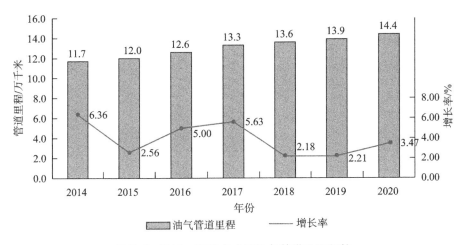

图 2.6 2014—2020 年中国油气管道总里程数

资料来源：前瞻产业研究院. 一文了解 2020 年中国油气管道工程建设现状与趋势 天然气管道建设是发展重点［EB/OL］.（2020 - 10 - 15）［2021 - 05 - 27］. https：//baijiahao. baidu. com/s？id = 1680595857023378538&wfr = spider&for = pc；高鹏，高振宇，赵赏鑫，等. 2020 年中国油气管道建设新进展［J］. 国际石油经济，2021，29（3）：53 - 60.

---

❶ 国家发展改革委国家能源局关于印发《中长期油气管网规划》的通知［EB/OL］.（2017 - 05 - 19）［2021 - 05 - 26］. https：//www. ndrc. gov. cn/xxgk/zcfb/ghwb/201707/W020190905497932558033. pdf.

❷ 高鹏，高振宇，赵赏鑫，等. 2020 年中国油气管道建设新进展［J］. 国际石油经济，2021，29（3）：53 - 60.

　　陆上和海上管道风险管控相关技术和预警体系建设，是目前的一个重点环节。一是排除管道老化和操作不当因素。自然环境变化和自然灾害发生，给管道安全造成了极大的安全隐患，尤其是地质灾害对管道伤害极大。中国地质灾害重点发生地区集中在华东地区南部、中南地区的西部和东部局部、西南地区的中南部和东北部、西北地区的东南部和西北局部。二是人为的有意或无意的破坏。跨境能源运输通道布局后，在境外第三方挑唆引诱下，个别不法分子在管道上打孔盗油窃气，实施破坏活动。据统计，我国油气管道事故造成的原因，按照排名，依次是第三方破坏、腐蚀、管材质量、施工质量和突发性自然灾害。由于油气管道具有易燃、易爆和毒性等特点，一旦发生泄漏，在管道过境国会引发巨大的安全隐患和舆论，破坏海外管道合作大局。三是国际和地区政治局势动荡和恐怖主义对管道安全隐患的威胁风险始终存在。局部地区冲突、民族矛盾、恐怖事件、海盗事件接连不断，中国石油运输和能源企业的海外利益都曾遭到地区动荡的影响。恐怖主义活动也加大了中国海上运输的风险。

　　海陆复合型运输模式下，海上运输安全也将面临新的挑战。中国能源进口对海上运输的依赖性短时间内并不会被完全替代掉，单一型海运模式变为海陆复合型运输模式，运输通道安全风险开始向整体性、复杂性转移，对今后风险管控和预警能力要求会较高。目前，中国能源进口多元化布局，造就了中国能源的运输方式逐渐向海陆复合联运方式转变。原中国能源海上运输有中东线、南美线、非洲线和东南亚线四条路线，多元化能源通道建设后，为了缓解海上能源运输压力，中国国际能源运输通道建设使"马六甲困局"有所缓解，能源运输安全布局逐步强化。原海上主要的运输线路的后半程，如中东运输线（阿拉伯海—霍尔木兹海峡—马六甲海峡—抵达中国）、北非运输线（苏伊士运河—红海—阿拉伯海—霍尔木兹海峡—马六甲海峡—抵达中国）、西非运输线（好望角—印度洋—马六甲海峡—抵达中国）绕经马六甲海峡的海上路程会被瓜达尔港、中缅油气管道的陆上运输承载，海上运输线逐渐会从单一型海运模式变为海陆复合型模式，对风险管控和预警提出了更高的要求。目前，中国的海外护航行为更多地集中在海外人身权益的保护和南海争端上，给予强大海上军事力量保护和威慑，尚需要时间。

大国博弈造成海上整体安全风险加剧。能源问题渗透着政治因素以及大国博弈，在中国崛起的大背景下，海峡阻拦是西方大国战略遏制中国的重要途径。虽然根据国际海洋法，马六甲海峡由马来西亚、印度尼西亚、新加坡三国共管，管控权不在美国一方，但是美国为巩固其霸权地位，通过海外空军基地投射、重要海峡军事部署、联合军事演习等方式强化亚太的海上控制力量，海上能源运输依旧面临复杂性风险。

中国能源企业的海外项目持续布局，以及"海上丝绸之路""冰上丝绸之路"的开发，使中国的海洋贸易安全重要地位逐渐凸显。"冰上丝绸之路"会增加海上能源线布局，能源会成为未来重要的合作范畴，因为北极地区的原油储量大概相当于目前被确认的世界原油储量的1/4，天然气储量估计相当于全世界天然气储量的45%，也有丰富的煤炭资源、可燃冰资源和矿产资源。❶未来，打造中国沿线大承载力的货运港口建设是大势所趋，也必然会使我国东南部沿岸的能源运输网密集化，构成与东亚、东南亚、极地的海洋网络，这些发展趋势都需要加快相关的运输风险和预警体系建设。

三、缺乏国际市场定价权及影响力

中国受制于国际能源价格机制，主要是缺乏石油定价权。世界石油工业诞生已经有150多年的历史，国际石油市场及其价格体系的演变先后经历了跨国石油公司的殖民定价体系、石油输出国组织官方定价体系、市场供需为基础的多元定价体系、期货市场为主导的定价体系、石油市场多方制衡定价体系等五个阶段。❷目前，由于石油资源分布的不均衡性与石油

❶　孔锋．透视海洋安全环境视角下的"冰上丝绸之路"建设及其综合风险防范［C］//中国环境科学学会．2019中国环境科学学会科学技术年会论文集（第四卷）．中国环境科学学会，2019：7．
❷　石油史话：国际原油价格体系演变的5个历程［EB/OL］．（2018－10－25）［2021－05－26］．http：//sydj．cnpc．com．cn/sydj/syct/201810/df022e02262d432883ec4415449a4c3d．shtml．

消费的不均衡性，国际石油市场价格受制于石油输出国组织（Organization of the Petroleum Exporting Countries，OPEC）、美元及金融市场的制约。石油输出国组织的石油储量占世界的 4/5，是石油大宗商品的生产源头，通过对油价的调整，实现在不同阶段下石油收益最大化的目标。而中国，虽然是最大的能源消费国，但缺乏对石油市场的定价权，因为从石油供需对价格的影响来看，能够决定价格的主要还是供给方，而中国是需求方；在货币优势方面，美元的金融优势目前中国并不具备，因此，长期以来中国在定价机制方面处于被动地位。从中国融入国际机制的历程中，可以看出在定价权演变中的位置。

中国是国际能源市场的后进者，中华人民共和国成立初期依赖苏联以及少数社会主义国家，20 世纪 50 年代至 60 年代实行自给自足的能源政策，中国并没有完全融入国际能源体系，而此时国际能源定价权的重要性早已得到了石油生产国和美、苏等能源或政治主导国的足够重视。20 世纪 60 年代以前，美国和西方跨国石油公司控制石油价格，通过"租让协议"这种带有殖民色彩的手段控制中东大部分石油资源，石油的定价权掌握在"七姐妹"（标准石油（埃克森的前身）公司、美孚石油公司、雪佛龙石油公司、德士古石油公司、海湾石油公司、壳牌石油公司和英国石油公司）的手中。"七姐妹"实际上代表着一种石油利益的联盟，垄断着市场，表现在对世界主要产油区的资源勘探开发、石油生产、销售等环节进行垄断，控制石油定价权。然而，油价长期被压制在一个较低的殖民价格，严重损害了石油生产国利益，直接催生了 OPEC 的诞生。中国于 20 世纪 60 年代以后开始逐步走进国际能源市场，面对的是 OPEC 成立后的定价博弈期，其通过发布"官价"，在国际石油市场的主角地位逐渐确立，对运行效率和国际原油价格的控制力增强，也限制了各大石油公司垄断和降价行为。中国在改革开放前对国际能源市场小规模的贸易和接触阶段，也是 OPEC 定价权从萌芽到稳固的关键期。

改革开放后，中国开始融入国际市场，此时，面对的是较为成熟的国际石油定价机制，由"官价"发展至"参考价"、再发展至"期货价"的时期，非 OPEC 产油国产量上升、第二次石油危机爆发、各大期货市场成立，价格与现货市场挂钩，流量巨大、价格更新及时、更加准确反映供求关系的价格机制已经形成。掌控国际石油市场定价权是巩固石油霸权的一种重要表现，20 世纪 80 年代，能源金融步伐加快，西方国家通过建立金融体系谋求夺回定价权和中东产油国开展了力量角逐。定价权争夺贯穿中东产油国和美元的博弈，同时，金融产品的推出，参与方不再局限于供需双方，市场主体数量的增加带来了更多利益诉求，也加剧了博弈。英国推出了布伦特远期合约，美国推出了西得克萨斯中间基原油期货合约，期货价格成为国际石油市场重要的基准价。中国进入国际石油市场初期就面临着价格博弈局面。中国作为国际市场尤其是国际能源和国际金融两大市场的后进者，改革开放初期大量的资金主要用来支持国际双边贸易，采取换取外汇、引进设备和技术，对价格机制只是遵从石油作为大宗商品的价格条件进行贸易。整体上，中国融入国际能源市场初期，参与程度低，主要是一个适应者而非主导者，缺乏影响定价机制的能力。

20 世纪 90 年代以后，中国推行"走出去"的国际能源合作，海外的并购和融资规模势头猛增，而此时，世界石油市场及价格的主导者已经由单极变为多极，石油价格本身也演变为由多方主体制衡、博弈的结果。20 世纪 90 年代，中国积极融入金融体系，但依然在定价权争夺的外围，对价格机制没有话语权。20 世纪 90 年代是中国经济突飞猛进的时期，全球经济大国地位确立，中国成为原油净进口国、石油净进口国，是全球最大的消费市场和能源贸易国。中国的油价也一路震荡上升。这背后有几个因素：一是石油输出国在贸易中推行了"亚洲溢价"，导致相同原油出口不同地区采用不同的计价公式，造成整个亚洲地区的石油进口价格高于欧美国家；二是中国能源期货市场发展相对滞后，国内期货市场主要由大型央企主导，缺少民间大型公私募基金、跨国公司等多主体的积极参与，期货产品的活跃程度和交易量有待深化，亚洲地区的主要国家能源期货市场缺乏联动，区域建设不够健全，加之人民币国际化程度不足，在绑定和聚拢亚洲地区期货市场规划和共同利益方面力度不够；三是西方国家通过金融工具和期货市场来维持高油价，已经形成高度垄断的期货价格机制，并从能源消费大国的经济发展中渔利，同时美国、西欧、日本等在尽可能地进行能源变革以减少对石油的依赖。中国在 20 世纪 90 年代快速崛起以来，经济发展的成本和能源消费压力并不小，但消费实力却没有转变为消费权力，处于被动角色、缺乏主导权。

本质上，石油价格很难脱离供需的基本面，但是，石油金融化加剧了短时期内石油价格随金融市场波动的风险和更多因素干预的可能。西方发达国家通过强大的金融实力以及不断推出的金融工具，促使石油定价权成为维护其能源利益的工具。在定价体系中，特别是以美元为结算货币的定价方式，增强了美国在中东的话语权以及对石油市场的掌控力，也使能源价格容易成为打压崛起国的重要的战略工具。

20 世纪 90 年代开始，中国在国际贸易中，在整体大宗商品贸易中普遍缺乏定价权，矿石资源、石油资源等大宗商品的进口面临同样的问题。以铁矿石为例，2020 年中国铁矿石进口突破 11 亿吨，创历史新高。中国所需的铁矿石，80% 以上依靠进口，从澳大利亚和巴西进口的铁矿石，分别占总进口量的 60% 和 20% 以上，而进口价格居高不下，2020 年铁矿石进口均价为 101.7 美元/吨。[1] 回顾历史，铁矿石进口价格从不足 30 美元涨到 100 美元以上，而钢材售价上涨并不与其成正比。在稀土贸易中，中国拥有超过全球 37.8%（2019 年统计数据）的稀土资源储量，有超过 60% 的高价值的重稀土储量，是供给美国、日本稀土进口的主要来源国，然而稀土出口价却每吨不足 1 万美元。[2] 同样，铜、粮食等大宗商品的进口也面临类似局面，中国的经济增长依赖性资源难逃"廉价出口高价进口"的怪圈，究其原因，有行业管理、信息不对称、行业无序竞争等诸多因素。

在中国能源的高消费持续发展的态势下，消费大国的定价地位被国际价格机制边缘化，使得中国的石油需求及经济发展受制于国际价格的变动，直接威胁中国的能源进口成本，损害中国经济发展成果。在以往的教训中，20 世纪 70 年代以来爆发的三次西方国家的经济危机均与油价波动

---

[1] 中国 2020 年进口铁矿石 11.7 亿吨，创历史新高 [EB/OL]. (2021 – 01 – 14) [2022 – 02 – 26]. https：//baijiahao. baidu. com/s? id =1688860972658540011&wfr = spider&for = pc.

[2] 张丹琳. 当前稀土资源现状与供需形势分析 [J]. 国土资源情报，2020（05）：37 – 41.

有直接关系。因为油价的上涨最直接后果是加重了发达国家的财政负担和工业生产成本，导致了消费品价格的大幅度上涨，拖垮经济发展成果。从国民经济整体看，国际油价上涨50%，将导致外汇支出增加、出口减少1.468%，投资下降0.106%。● 中国在国际能源价格机制中并不是主导大国，仅处于消费大国地位。在未来几年中，中国仍是一个石油净进口大国，国内能源需求大，但价格机制的控制权和话语权并没有偏向需求大国。

2020年以来，全球能源供需状况剧烈变化，OPEC及相关产油国大规模减产，加之俄乌冲突，油价震荡上升。长远来看，随着各国积极应对新型冠状病毒肺炎蔓延出台各种管控措施以及国际援助，世界经济会逐渐从阴霾中走出，疫苗的研发和大规模普及也会使经济趋于变好，国际石油市场会逐渐恢复稳态。美国页岩油依旧保持持续增长，沙特、俄罗斯、美国成为供应端相互博弈的三角，OPEC以及西方主导期货市场也会持续博弈关系和处于相互制衡的平衡下，在这样的相互制约环境下，绝对的垄断都不会持久。随着新兴国家的崛起，世界石油市场新格局逐步形成，中国、南亚、东北亚开始在石油市场中发挥重要的作用。怎样发挥能源全产业链优势，强化人民币和亚洲期货市场，利用低油价时期的价格优势推动相关主导权建设等，需要过程和时间，也需要中国的智慧和耐心。

四、"一带一路"项目面临优化升级

"一带一路"倡议提出以来，中国与沿线国家能源合作取得了一系列的成就，然而，相比国外的经营经验和建设规模，中国能源企业海外合作时间较短、经验积累难免有不足之处，在合作项目中面临一系列问题，有来自于外部保障改善和保障的诉求，也有来自内部基于经营能力和竞争力提升上的需要，海外能源项目存在优化升级的压力。

第一，在外部保障上，风险防御机制不足，影响"走出去"积极性。

● 魏一鸣. 中国能源报告战略与政策研究（2006）[M]. 北京：科学出版社，2006：143.

突出表现在以下几个方面。

一是中国能源企业"走出去"面临文化差异，主要集中在价值观念、社会形态、经营管理、信仰风俗等领域。目的国员工思维模式与行为方式、政治和法律环境与国内有着很大的差别。如非洲国家员工对家庭、亲缘更注重，对时间和效率不够重视。而这些仅仅靠企业自身的力量，是不够的，尤其需要项目所在国第三方的力量参与进来，才能因地制宜构筑有效管理和提升效率的相应机制，以及培育在专业知识、两国语言、民俗文化多领域的复合型海外管理人才。

二是地区政治、社会动荡，易使中国海外利益受损。来自"一带一路"能源合作地区的民族问题、宗教问题、意识形态问题等较为突出，一些地区甚至身处大国博弈旋涡，地区局势动荡，同时，还存在商业和法律风险的隐忧。

三是推进"一带一路"建设的舆情环境有待进一步改善。如各种"威胁论""债务陷阱论"，对中国企业打压和中伤，干扰合作进程。舆情环境的专门化建设还有待加强、改善，要组织力量引导海外舆论，传播中国海外合作理念和善意，争取舆论制高点。

四是全球性不可抗力因素。不可抗力对海外项目合作的影响需要足够重视，此前，中国海外企业也有因汇率贬值遭受惨痛的教训：1990—1993年，受卢布贬值影响，中国在俄罗斯和东欧经营的企业亏损严重；1997年金融危机，中国在泰国、韩国的投资因汇率贬值损失惨重；2008年津巴布韦货币贬值，中国企业利益受损；2014年卢布大幅贬值，在俄罗斯投资的中国企业受到影响，少数企业在国内国际资本市场的表现还因此受波及。❶除此之外，全球公共卫生事件对能源影响需要足够重视。总体上，中国能源企业海外的风险防御机制等有待完善，同时，投资国对中国企业也缺乏风险共担机制。这些都会直接影响"走出去"的积极性，危害中国海外项目的可持续发展。

---

❶ "一带一路"国家投资合作常见的风险［EB/OL］.（2020 - 02 - 22）［2021 - 05 - 26］. https：//baijiahao. baidu. com/s？ id = 1659228950917430199&wfr = spider&for = pc.

第二，从内部看，企业转型、产业扩展、品牌塑造、可持续发展等方面，依旧需要努力。

一是中国虽然已经形成与俄罗斯和中亚、西亚、北非国家或地区全球油气资源核心地带的全产业链合作，但是针对上游的勘探开发领域、中游的输送领域及下端产业链的扩展，项目之间的协调配合尚存不足。中国能源企业海外拓展，缺乏协调配合，没能有机融合，形成集群优势，缺乏统一的产业布局。目前"走出去"的企业并不少，"三桶油"之外的能源民企成为主力军，国企和民企的协调发展和相互补充的发展模式并没有建立起来，民企更多是在市场的空白中成长起来，这对整个能源行业的崛起是不利的。民企在国内已经成为不可忽视的力量，中国海外能源合作形式需要从单纯的项目合作、资产并购层面升级，向更深层次的产业合作迈进，这就需要企业之间协调、优化整合国际资产，提升中下游能源合作能力。

二是企业经验有待持续提升。目前，以保证油气多元化来源为目标，中国主要是投资或者并购海外项目集中在行业上游，但是中国企业在中下游的经营能力具有庞大的潜力。从优势上看，中下游比上游前景更好。由于技术和境外环境问题，上游开发相对优势欠佳，实在是以短博长。在国际经营和资产优化整合上，中国企业往往更擅长项目生产运营，对境外投资和并购的实践经验还需要丰富。另外，缺乏盘活国际资产的操作经验，缺乏对并购资产进行优化整合和商务运作等操作经验，从而可能导致企业利益受损。❶ 同时，商业模式和业务领域扩展不够，在 EPC（engineering - procurement - construction，设计 - 采购 - 施工）+ 金融、BOT（built - operate - transfer，建设 - 经营 - 转让）、BOOT（built - own - operate - transfer，建设 - 拥有 - 经营 - 转让）等商业模式的运用方面，不能完全满足"一带一路"沿线国家多样化的市场需求。❷

三是在企业创新发展和可持续发展动力方面，还有待加强。从海外能

---

❶ 张映斌，刘琪 ."一带一路"能源合作的现状、问题与建议［J］. 石化技术，2020，27（1）：285 - 286.

❷ 黄维和，韩景宽，王玉生，等 ."一带一路"能源合作与西部能源大通道建设战略研究［M］. 北京：科学出版社，2019：11.

源合作目的看，中国能源企业海外投资进入价值链上游，以资本输出为主，通过投资直接控股或收购国际领先公司的战略性资产。这在短期内可以获得一定收益，获得一定的油气权益而进入国际市场交易，但过分注重供给层面和资产层面，也限制了企业的创新发展和进一步赶超世界一流能源企业的机会。中国能源企业"走出去"，如果过多依赖政府的能源外交"开山辟路"，以及争取政府及相关机构的支持，以降低"走出去"风险，长此以往，可能会造成企业自身主动性创新性不足，缺乏长期战略性规划等现象，同时，也不能培育企业对国际能源的走势和国际市场的预见力，把握对油价变动❶等现象的深层认识。无论是研究和制定政策的国家有关部门，还是相对独立的相关高等院校、研究机构或微观层面落实执行的企业，对全球能源市场研判能力和能源趋势的把握能力均有待提高❷，否则势必会损害企业的竞争力，使国家利益蒙受损失。

四是中国企业高端领域竞争力尚需要提升，自主研发水平有待加强。中国目前在海洋工程、非常规能源、新能源领域取得了一系列成绩，但是相比国际领先企业，企业研发投入力度还显不足，在核心技术层面还需要加强，也需要适应海外项目大型化、高端化发展需求，缩短新能源产业与西方的差距。

除此之外，海外企业还面临国际人才队伍建设不足，国际化能源跨行业人才培养和引进机制不足，对人才管理和激励机制不够重视，海外社会服务评价体系、"走出去"标准化建设不够完善及与国际标准对接滞后等问题。

---

❶ 回顾历史，中国有的企业对 2000 年后高油价产生的原因认识受限，挖掘不足，尤其是在 2008 年的油价达到最高 140 美元/桶时，以为石油需求会持续高速增长，相关价格也将增长，而实际情况是，从供给端到需求端都发生了与预期相悖的变化。

❷ 魏修柏. 我国能源对外合作的形势、特点与不足 [J]. 公共外交季刊, 2017 (2)：156.

第三章　中国国际能源合作
战略自主性的逻辑

国际合作是国家或其他国际关系行为体之间由于一定领域内利益和目标基本一致或部分一致，而进行不同程度的协调、联合和相互支持的行动❶，目的是协调各方的不同点，以达到一种共同得益的结果。❷ 在全球化的今天，孤立式的发展是不持久的，依赖性和自主性是能源合作的两个特点。中国能源战略自主性的实现是一个包括多领域的综合能力崛起的进程，必然要通过国际合作加以推动。

第一节　中国国际能源战略自主性的相关概念

一、战略自主性在国家和能源层面的理解

"战略"一词经过了从战争年代到全球一体化背景下的演变，其本身的概念从军事领域扩展到了其他领域。"狭义的战略特指国家间有关军事

---

❶ 刘金质，梁守德，杨淮生. 国际政治大辞典 [M]. 北京：中国社会科学出版社，1994.

❷ 李少军. 国际政治大辞典 [M]. 上海：上海人民出版社，2002：203.

斗争的艺术,广义上的战略则泛指国家谋求生存与繁荣的艺术。"❶ 根据"战略金字塔"理论,能源战略是处于战略概念的第二层面❷,指具体在能源领域的全面战略,其任务是对能源领域的活动进行全局性的规划、指导和协调。❸ 国家的战略包括"根据自身的实力与资源确定实现目标的基本途径",也就是"战略的实现必须以实力和资源为条件"。❹ 战略的制定必须基于对国家实力和资源的客观评估这一基础。因此,客观的评估和实力的积累是首要的、不变的因素。战略还有一个变化的因素,即不同时期的国家利益和发展目标,战略有极强的目标性,也称为"为达到重大或者全局目标而设计的行动计划或者政策"。❺ 因此,战略是具有目标性的,而策略是实现战略目标的手段与途径。

"战略的设计需要考虑三大因素:格局因素、身份因素、安全因素。格局因素涉及国际社会的影响力分布和中国的实力地位;身份因素涉及国家对自身发展水平和发展程度的认识、判定;安全因素则是国家发展和建设的机制保障。"❻ 在格局因素中,需要准确分析国内、国际形势,目前,中国提出和践行"一带一路"倡议,也是基于对国际格局准确分析的基础上,正如习近平总书记谈到的"当前,中国处于近代以来最好的发展时期,世界处于百年未有之大变局"这一论断,指出了中国面临着前所未有的机遇和挑战,以及世界正处于大发展大变革大调整时期。在身份因素中,中国既是区域性大国,也是全球性大国,最大发展中国家的国际地位是国家事业发展的重要逻辑基础,中国特色社会主义道路也对发展中国家有广泛的启示,中国主动承担大国的责任和义务,坚持共商共建共享的全球治理观,倡导合作共赢理念、正确义利观,是基于准确判断中国的基本

❶ 伊藤宪一. 国家与战略 [M]. 军事科学院外国军事研究部,译. 北京:军事科学出版社,1989:14.

❷ 钮先钟. 战略研究 [M]. 南宁:广西师范大学出版社,2003:30.

❸ 日兹宁. 国际能源:政治与外交 [M]. 强晓云,译. 上海:华东师范大学出版社,2005:45.

❹ 李少军. 国际战略学 [M]. 北京:中国社会科学出版社,2009:18.

❺ PEARSALL J. The new Oxford dictionary of English [M]. Oxford:Oxford Univerity Press,1998.

❻ 王帆. 新开局:复杂系统思维与中国外交战略规划 [M]. 北京:世界知识出版社,2014:213.

国情和中国在历史上的基本方位基础上的。在安全因素中，总体国家安全观是新时代党中央对我国面临的各种安全问题和安全挑战的系统回应。"一带一路"能源战略的推出，就是中国历史性地全面重构能源发展的战略新格局，以应对国际国内以及新技术革命带来的重大变局。通过制定中长期的能源战略和凝聚伙伴关系，实现技术进步、政策改革和对外合作的有机统一，推动对内能源革命和对外全球多边能源治理能力等的全面提升。

国家的自主性是指国家在国际国内超越各种社会势力，独立实施其政治过程的能力和特性。[1] 塞缪尔·亨廷顿认为，国家"自主性"是国家"独立于其他行为主体和行为方式而生存的程度"。基于前文对战略基本概念的分析，战略自主性则把战略的制定、目标特点、实现过程等要素融入国家自主性概念中，从内容上讲，是涉及国家的战略性、全局性、长远性的议题；从目标上讲，是以高度维护相互依赖世界中的国家利益、国家安全为目标；从制定过程上讲，国家具有独立自主和按照自身意愿行事的能力；从现实基础上讲，战略自主性的实施是需要基于自身身份定位，同时具备在相关领域的实力和能力基础以保证政策长期有效，即以国家能力为基础。正如诺林·里普斯曼所言"没有这种国家能力，国家即使能表达自己的偏好，在政治上也是无关紧要的"。[2] 有些学者将其简单归纳为"在国际关系中的行为主体主要是国家，国家战略自主性就是国家在其战略制定或实施的过程中独立于其他行为主体、按照自己意愿行事的程度"。[3] "战略自主性"可以理解为国家超越国际各种势力，基于自身实力和处境，通过制定长期的、全局性的方案，最终实现维护独立国家利益，并且长期有效的行为能力。

能源领域的战略自主性，对国家尤其重要，因为从具体的某一个领域

[1] 郭建明. 国家自主性的涵义辨析、概念界定与结构分析 [J]. 上海行政学院学报, 2013, 14 (3): 37 – 45.

[2] RIPSMAN N M. Peacemaking by democracies: the effect of state autonomy on the post-world war settlements [J]. International journal, 2003, 58 (2): 423 – 425.

[3] 刘学军, 赵运兴. 沙特对外战略自主性转变探究 [J]. 云南行政学院学报, 2019, 21 (1): 130 – 137.

或者国际事务来看，"只有当一个国家能够提出这种独立的目标时，国家才有必要被看作一个重要的行为体。只有当国家能够有效追求自己的目标时，目标的独立性才会使国家在政治上成为重要的行为体"。❶ 从核心要义看，能源自主意味着必须遵照自身的决策标准，以一种自我决定而非他人决定的对能源的支配作为目标，独立于外部胁迫和干涉；从内容范畴看，不能简单地将能源自主教条化、狭隘化理解，相反，它涉及个人和社会、政治和经济、地方和国家，是一项不断提升能源利用自主程度的进程。❷

二、能源依赖性和自主性的关系及演变

自主性和依赖性，是一对矛盾体，在能源依赖和自主的关系上，是彼此相对而存在。基于新自由制度主义分析，依赖性是相对的，相互依赖也是造就合作的基础。中国的能源自主战略的实现是一个囊括多领域的综合能力的崛起，涉及政治、经济、社会、金融等层面。国家发展理论认为，国家行为体在参与国际战略互动时，必须针对外界压力作出回应，可以通过参与国际制度的方式改变行为体互动的制度环境，从而推动自身政策偏好的实现。❸ 基于依赖性和自主性相关理论和辩证关系，可以认为，增强能源的战略自主性能力的重点，不在于绝对摆脱依赖，而是立足中国能源资源禀赋条件和最大发展中国家的现实，在相互依赖的国际秩序中，挖掘最大可能的能源主导权和可控性。

这种依赖性和自主性的辩证关系，与中国能源合作一直以来秉承的能源安全观是一致的。中国的国际能源战略，主要是以保障国内供应为主要战略目标，追求的是一种"相对安全"，在国际中多强调的是合作；基于资源禀赋的现实，"一带一路"能源伙伴关系强调的是命运共同体理念，

---

❶ 田野. 国家的选择：国际制度、国内政治与国家自主性 [M]. 上海：上海人民出版社，2014：61 - 62.

❷ 舍尔. 能源自主可再生能源的新政治 [M]. 刘心舟，邓苗，林里，等，译. 上海：同济大学出版社，2017：212 - 212.

❸ 同①107.

秉承共商、共建、共享的原则。某些西方国家秉承"绝对安全"能源安全观，即通过对能源地中东的军事控制以及能源市场的金融控制，达到能源霸权的目的；同时，以石油为战略工具，遏制其他竞争性大国或能源消费国的崛起。

中国国际能源合作历程，是逐步增强自主性的历程（见图3.1）——中华人民共和国成立初期依靠苏联的"集体安全"能源合作，1978年改革开放后的"引进来"国际能源合作，1993年后的"走出去"国际能源合作，2005年后的"多元化"国际能源合作以及2013年的"一带一路"国际能源合作，其本质都是在能源供需能力上减少依赖性、增强自主性，在全球能源治理上增加共融、减少分歧。

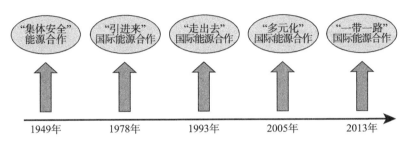

图3.1　中国油气供应从依赖性到自主性的发展历程

从自主性演化内容上看，中国逐渐实现从供需层面自主性向全球能源治理自主性转型。很长时间以来，保障能源供需是头等大事，中国能源政策力图改善一系列依赖性问题——对单一油气资源进口的依赖，对较集中进口来源地的依赖，对单一海上运输方式的依赖等。中国国际能源布局"硬实力"初见成效：中国能源供应的区域性布局初步形成，中国海外权益油气规模逐渐扩大，中国企业海外并购规模和质量逐渐增强；中国全球能源治理"软实力"逐步强化：国际能源合作由双边逐渐走向多边，与主要能源组织的合作范畴和影响力不断扩大，参与角色从适应者、追随者发展为推动者、影响者并进而向塑造者转变，国际能源治理的话语权和影响力提升等。

从自主性演化历程看，中国立足改善能源供应依赖性问题、增强自主能力的步伐逐步加快：从中华人民共和国成立初期依靠苏联的"集体安全"能源合作到自给自足，再到改革开放初期"引进来"阶段，中国走过了 27 年，受朝鲜战争和"文革"影响，经济发展速度不快，此时期能源政策变化周期显然较长，这符合中国从中华人民共和国成立初期于困难中自力更生到融入世界的整个过程的国内国际的客观情况。而从吸纳技术、设备、资金为主到以企业为主体"走出去"政策，中国走过了 15 年；而后能源阶段性调整频率和政策推出幅度大幅度加快、加大，到"多元化"能源政策用了 12 年；再到推出"一带一路"框架下的能源政策用了 8 年，能源命运共同体紧跟着出台。从时间上看，这 5 个阶段，平均每一个阶段为 12 年左右。1993 年以后，中国推行能源"走出去"和"多元化"战略，一系列海外项目相继落地，所需要的能源安全保障条件逐步完善。

第二节 中国国际能源合作战略自主性的目标

战略是有目标性的，被称为"为达到重大或者全局目标而设计的行动计划或者政策"。❶

习近平总书记在党的十九大报告中指出："我们既要全面建成小康社会、实现第一个百年奋斗目标，又要乘势而上开启全面建设社会主义现代化国家新征程，向第二个百年奋斗目标进军。"❷ 在经济发展方面，十九大报告明确了"我国经济已由高速增长阶段转向高质量发展阶段，正处在转变发展方式、优化经济结构、转换增长动力的攻关期，建设现代化经济体系是跨越关口的迫切要求和我国发展的战略目标"这一论断。

2014 年 11 月 19 日公布的《能源发展战略行动计划（2014—2020）》中指出："增强能源自主保障能力、推进能源消费革命、优化能源结构、

---

❶ PEARSALL J. The new Oxford dictionary of English ［M］. Oxford：Oxford Univerity Press，1998.

❷ 习近平. 决胜全面建成小康社会夺取新时代中国特色社会主义伟大胜利［N］. 人民日报，2017 - 10 - 28（1）.

拓展能源国际合作、推进能源科技创新。"❶ 中国工程院报告提出，2050年前的 40 年，是我国能源体系的转型期，从粗放、低效、污染、欠安全的能源体系转变为节约、高效、洁净、多元、安全的现代化能源体系，随着"碳中和"目标的实现，将拥有一个中国特色的能源新体系，绿色和低碳能源主导下的全产业链布局时期。❷ 中国正处在转型期这一基本命题，是中国发展阶段的一个基本定位，而在转型期的战略目标的实现，"必须从总体上涵盖两个难题（发展的困境和崛起的困境）的解决过程，中国转型期的战略目标是实现中国由地区大国向全球有影响力的地区强国转变"。❸ 2021 年 3 月十三届全国人大四次会议审议通过的《中华人民共和国国民经济和社会发展第十四个五年规划和 2035 年远景目标纲要》指出："多元拓展油气进口来源，维护战略通道和关键节点安全。培育以我为主的交易中心和定价机制，积极推进本币结算。加强战略性矿产资源规划管控，提升储备安全保障能力，实施新一轮找矿突破战略行动。"❹

一、维护海外能源合作中的国家利益

国家利益是国际政治行为的逻辑起点和最终归宿，是国家进行外交活动和国际关系行为的出发点和落角点。首先，国家利益是国际关系的根本动因，根本内容是满足国家的生存与发展。国家利益在国际安全和对外决策中一直处于核心地位，各国都把"为了国家利益""以国家利益为基础"作为提出和执行对外政策的目标。"只要世界在政治上还是由国家所构成

---

❶ 国务院办公厅印发《能源发展战略行动计划（2014—2020 年）》［EB/OL］. （2014 - 11 - 19）［2021 - 05 - 25］. http：//www.gov.cn/xinwen/2014 - 11/19/content_2780748.htm.

❷ 王晓涛. 在中国工程院第十次院士大会上，杜祥琬副院长介绍了"中国能源中长期（2030—2050）发展战略"研究的成果——40 年后洁净能源占半壁江山［N］. 中国经济导报，2010 - 06 - 12 （B03）.

❸ 王帆. 新开局：复杂系统思维与中国外交战略规划［M］. 北京：世界知识出版社，2014：208.

❹ 中华人民共和国国民经济和社会发展第十四个五年规划和 2035 年远景目标纲要［N］. 人民日报，2021 - 03 - 13 （1）.

的，那么在国际政治中实际上最后的语言就只能是国家利益"。❶ 其次，作为各种客观现实需求的综合，国家利益是客观的、具体的，也是分层次和轻重缓急的："国家利益的基本次序是民族生存、政治收益、主导地位、世界贡献，这五种国家利益的相互关系是一种国家需求由低级到高级的升级表现。"❷ 最后，一国的国家利益，既要确保这个国家的生存与发展，也要保证国际社会整体可持续发展和合作共赢。

当前，全球能源秩序中合作和竞争并存，无论是发达国家还是发展中国家都将国家能源利益放在核心的地位。随着新兴能源消费国家群体的崛起，能源的消费争夺主体将逐渐趋于复杂。基于资源的有限性，多重主体竞争的局面将会出现，同时，全球化使商品、资本、劳动力等生产要素在全球范围内自由流动，各国的相互依赖程度提升。全球能源格局中，合作和竞争都有持久生命力，基于现实主义理论，能源权力的争夺是持久性命题；基于自由制度主义的分析，相互依赖造就了合作，因此，合作和竞争是永久性话题。其中，面对全球发展的共同性问题，能源的合作和竞争已经不是一个国家或一个地区的问题，而是全球性问题。在能源领域，绝大多数国家都不可能离开国际合作而独立实现能源利益的全部保障，无论是资源富集的发展中国家，还是拥有资本和技术优势的发达国家，都需要互通有无，加强合作。从各种国际能源组织在博弈中诞生的历程，就可看出，西方能源消费国家和产油国、产油国之间和能源消费大国之间都处在竞争环境下。作为分布不均的全球公共物品，能源引发争夺、摩擦和冲突不可避免。

能源利益是中国国家利益的核心议题和主要内容，能源合作是"一带一路"重点合作内容之一。作为战略物资的能源是经济发展、国家稳定的前提，是经济增长的保障，是国家建设的基础。能源资源本身是建设中国特色社会主义的物质基础之一，是实现国内经济、社会可持续发展的重要战略物资，也是国际上关乎中国话语权的重要筹码，是中国国家安全以及

---

❶ 朱炳元. 全球化与中国国家利益 [M]. 北京：人民出版社，2003：109.
❷ 阎学通. 中国国家利益分析 [M]. 天津：天津人民出版社，1996：67.

和平发展的重要保障。中国国际能源合作中的国家利益涉及方面很多，从整体上分为三个主要层次的利益维护。

一是及时发现影响中国能源国际合作利益变化因素，认清国际能源秩序变化趋势和大国能源政策变化及风险。目前，中国天然气对外依存度超过45%，石油达到70%以上，能源进口在短时间内不会改变，而能源消费中心持续"东扩"，新兴经济体崛起，全球的能源需求进入低速增长期，整体消费上升。区域竞争上，亚太地区是最为激烈的，东亚经济是金融危机后世界经济的引擎，根据APEC预测，2035年亚洲将贡献全球九成以上的能源需求增长，亚太地区将成为全球最重要的油气消费地区。● 而根据《2040年世界石油展望报告》显示，未来印度将超过中国，成为最大能源消费国。全球能源消费结构进入多元化时代，化石能源内部消费结构发生变化，天然气消费占比上升，随着新能源技术的不断更新，油、气、可再生能源、煤形成能源消费"四分天下"格局。另外，在页岩革命的带动下，美国已经成为石油出口国，可能引发能源消费量变化和能源地缘变化，从而成为中国能源竞争和合作中最大的外部因素。新时期地区政治经济形势进一步变化，全球新冠肺炎疫情带来持续性影响，地区动荡、暴乱、大国博弈等因素增加了全球能源供给的不确定风险。

二是维护好"一带一路"能源合作已经取得的成果，并且使未来发展在既定的框架下有序推进和落实。"一带一路"能源合作在推动经济转型、开辟新兴市场、保障地区安全等方面发挥了积极作用，已经取得了阶段性成就。中国与沿线国家能源合作伙伴关系确立，在沿线国家、地区推动了一批重大项目落地，如中国—中亚、中国—俄罗斯、中国—缅甸油气管道，俄罗斯捷宁斯卡娅电站、越南永新燃煤电厂、英国欣克利角核电站等能源设施建设项目，还有未来发展潜力很大的"冰上丝绸之路"项目等。目前，最瞩目的合作成就集中在能源基础设施建设、能源贸易、项目投资、多边框架搭建和国际能源治理等领域，在油气管道和海外电站电网建设方面较为突出，新能源合作也在强势崛起。未来，也要关注各类风险因

● 景春梅. 打造国际能源合作利益与命运共同体［N］. 上海证券报，2017 - 09 - 30 (6).

素，由于跨境能源投资项目周期长、规模大，为了尽可能减少能源合作抵抗地方和区域的政治、环境、社会的负面影响，还需要深化命运共同体共识，克服全球经济下滑带来的不利因素，推动"一带一路"项目落地，强化各方在能源领域的共同利益。

三是落实和推动海外能源企业的具体利益和发展诉求，排解困境。企业利益服务于国家利益。以"三桶油"、国家电网、中国广核集团有限公司（以下简称"中广核"）等为代表的中国国有能源企业在海外发挥带动作用，针对企业为主体的海外项目的长远利益维护，需要紧密跟踪和制定应对预案。尤其是中美贸易摩擦以来，境外针对中国投资的审查很多带有政治性，个别国家受所谓"中国威胁论"的影响对企业的正当利益进行打压，损害了企业的正常权益和投资积极性。如何使中国企业的合法行为不受不良行为的阻挠，受到当地政府以及民众拥护，把所有消极态度的可能性降到最低，需要潜心推出方案，也是国家需要赋予企业保护的责任。

另外，其他问题还体现在以下方面。①"一带一路"沿线国家财务实力与营商环境问题。数据显示，在"一带一路"沿线，只有不到四成的国家拥有相对较高的财务实力，2013—2019年，"一带一路"相关投资中的37%流入评级为"Ba"或更低的国家，这意味着与投机或信用风险相关联。❶②能源项目给企业带来的效益问题。能源项目通常规模大、周期长，仅靠政府支持显然无法满足项目融资需求，"一带一路"倡议鼓励将社会资本纳入投资等。③法律风险问题。要从目前依赖双边协议、政治调解和外交斡旋，发展到建立起完善的多边法律框架。④企业协调问题。民营企业已经成为"走出去"的生力军，制定顶层框架协调能源企业之间、民企和国企之间的协作，避免分散化发展。⑤文化差异问题。宗教和文化习俗与中国不同，造成在本土化过程中的用工管理难题影响企业效益，形成瓶颈。⑥标准差异问题。在"走出去"过程中，从企业管理到生产技术的中国化标准如何融入合作国和迈向国际一流水平，等等。

---

❶ 余家豪，沈君哲．"一带一路"能源合作回顾与投资风险分析［J］．能源，2019（6）：37－38．

二、建立充足和安全的能源供应体系

丹尼尔·耶金曾经指出："能源安全的目标是以不危及国家价值观和目标的方式，以合理的价格确保充足可靠的能源供应。"❶ 这种基于"供应"的能源安全观强调了三个方面：一是外部能源资源的可承受性，指进口能源必须价格合理；二是可获得性，指国家的进口能源供应必须数量充足并且运输路线不受威胁；三是可持续性，指进口能源供应必须可持续进口，中断和暂时性短缺会严重影响国家的经济发展和政治稳定。❷ 总之，以合理价格保证数量充足的持续供应成为能源安全的核心内涵。

中国制定全球能源合作战略的目的是建立长期、安全、稳定的全球能源供应体系，而非谋求控制全球能源资源。在中国的能源供需层面，如果能源供应不足，就会威胁国家能源安全，在供应体系达到平衡的同时优化供应体系，是未来的一个主要任务。

从当下的中国能源供需态势来看，石油对外依存度超过 70%，天然气对外依存度超过 45%。按照中国社会科学院发布的研究报告《中国能源前景 2018—2050》显示，今后我国的一次能源消费中，石油占比将会下降，但对外依存度预计仍然维持在 70% 左右；天然气将成为未来消费的重点，预计 2050 年中国天然气进口量将超过 6300 亿立方米，进口依存度将超过 78.5%。随着水电、风电、太阳能和核能等清洁能源的发展，总体的能源对外依存度会降至 34% 左右。受国内资源禀赋和庞大消费需求的影响，中国虽然是世界第一能源生产大国，但人均能源资源占有量远远低于世界平均水平，随着生产规模的扩大和人民生活水平的提高，能源消费量还会增加，对外依存度在替代能源大规模运用、传统能源消费到达峰值前，呈现上升趋势。

建立多样化的能源供应体系，提高能源供应、分配、使用的效率，符

---

❶ 舟丹. 能源安全 [J]. 中外能源, 2017, 22 (10)：40.

❷ SZYLIOWICZ J S, O'NEILL B E, et al. The energy crisis and US foreign policy [M]. London：Praeger, 1975：29.

合中国特色社会主义发展和能源革命的基本需求。中国油气进口来源主要集中在俄罗斯和中东、西非、东南亚等十几个国家或地区，远低于美国能源独立前的六十多个进口国家的供应链。因此，为降低中国能源供应的安全风险，要进一步强化进口多元化战略，建立海上能源运输安全保护机制和油气储备体系，共同保障充足的能源供应链；能源电力工业是关系国计民生的基础公益性产业，国际合作必须着眼长远规划，避免中国企业煤电海外投资陷入困境，要协调地区碳约束、融资缺口、投资环境、水资源压力等问题，保障海外能源体系正常运转；搭乘国内国际新能源改革浪潮，建立世界级清洁、安全、高效的能源供应体系，强化新能源核心技术，以服务国内社会可持续发展为契机，助推新能源产业发展，如以新能源电池技术带动新能源汽车产业发展等；要建立"软实力"支撑体系，确保能源效率持续提高的激励机制、管理体系建设、能源技术发展促进机制，等等。

大国崛起的经验告诉我们，没有哪一个国家只依靠本国能源来进行建设与发展，大国的崛起离不开充足的能源保障。每个国家都在不同程度上以世界能源作为补充，利用本国能源和国外能源满足各自国家经济发展需要。19 世纪以煤炭利用为特点和动力，推动了英国、法国、德国等欧洲国家的崛起，同时也发生了针对资源的竞争和霸权争夺（19 世纪后半期至 20 世纪初期，法国和德国为争夺煤炭、钢铁产地爆发了战争）。进入 20 世纪后，以油气利用为特点的动力革命，成就了美国、日本和欧盟国家发展至世界强国的地位，为了争取世界石油霸权和国外廉价石油的获取权，美国推行"门户开放"和"新炮舰政策"海外殖民政策。20 世纪中叶，布雷顿森林体系诞生，石油和美元的挂钩使美国在金本位之后再次形成了美元霸权；同一时期，资源竞争向区域合作转变，1952 年在欧洲六国签署的《欧洲煤炭联营条约》，宣布欧洲煤炭共同体正式成立。

现代社会能源消费与经济之间存在非常强的正相关关系，保证能源供应关乎经济发展大局。中国 GDP 增速的趋势与能源增速趋势基本保持一致，能源消费和经济增长之间存在因果关系，如果缺乏能源供应，会直接导致城乡居民的生产、生活需求难以满足，也会间接波及资本和劳动力的使用，造成经济损失。世界经济发展史表明，经济发展程度与对国外资源的依赖程度呈正相关，前者越高，往往后者也越高。因此，中国需要充分借助国内、国际两个市场资源，发挥市场在资源配置中的作用，在国际国内能源资源的相互流动中实现优势互补。

目前，全球的能源供应格局正在发生一定的变化，主要体现在供应向多极化发展。俄罗斯、中亚里海地区、中南美洲和非洲地区的石油产量增幅较大。随着页岩革命，美国 2019 年能源出口量大于进口量，自 1952 年以来首次成为能源净出口国，美国的能源革命对全球能源供应格局产生影响，由于在中东能源进口的缺位，导致中东石油流向欧洲，加剧沙特等国家和俄罗斯的竞争。石油消费格局发生调整，西方发达国家的石油消费自 2006 年开始下降，全球石油消费中心从西方国家向以中国为代表的发展中国家转移；而在天然气上，欧美、中国天然气消费量在迅速增加，天然气的消费竞争成为趋势。这些，都为中国带来了机遇和挑战，建立充足的能源供应体系，需要继续深化传统能源合作、开辟多元进口渠道，需要始终立足于安全能源供应的基本点，合理开发和有效利用国内各种能源资源，使资源优势发挥到最大，形成强大的产业竞争力，推动新能源革命；在国际合作上，持续推进"一带一路"倡议，在多元化进口基础之上发挥主动权，在全球范围内优化海外资源的配置和利用效率，为现代化建设提供有力的外部能源支撑。

三、构建中国主导下的能源话语权

在无政府的国际体系中，国家作为国际关系的主体参与国际事务和外交活动，话语权成为国际地位和权力的一种体现。在对话语权的理解上，米歇尔·福柯将其定义为："一个由具有含义的实践所组成的系统，其中的各类实践不仅创造了一系列的观念和信念，而且建构了主客体的认同。"❶ 国际话语权更多代表了在本国利益的基础上，对某些国际问题在参

---

❶ FOUCAULT M. The archaeology of knowledge [M]. New York: Vintage Books, 1982: 5 – 10.

与、评判、裁决等方面的主导权或控制能力，国际话语权更被认为是一种共同认可的合法性参与的资格。它也是实力的反映，被认为是全球化时代衡量主权国家综合实力的一个核心概念，是一个国家的主张在国际事务中体现的权重与产生的影响力，反映其维护自身核心价值与发展模式的决心和实现其核心利益与发展诉求的能力。❶ 话语权是一个有机整体，权力基于实力，同时也伴随权利和义务，包括话语权利、话语权力和话语能力。对于国际话语权建设，中国起步落后于西方大国，布雷顿森林体系成立的初衷和运行的逻辑，都是以美国为主的西方利益为代表，提升国家认同成为新兴国家参与国际能源合作衡量自身价值的重要标准。

中国作为经济大国和能源消费大国，要赢得与国家实力和国际地位相匹配的国际能源话语权，才能维护好最大能源消费国家的利益和能源权利。根据《2019 年中国经济发展报告》，按购买力平价计算，中国在 2014 年已经成为世界第一大经济体；按名义 GDP 总量来计算，中国在 2018 年已达到美国的 66%，成为世界第二大经济体。中国是一个拥有 14 亿多人口的大市场，2019 年 GDP 总量已接近 100 万亿元，人均 GDP 则突破 1 万美元。根据麦肯锡全球研究院的数据，自 2013 年以来，中国一直是全球第一大贸易国，在可再生能源上中国的投资占到全球的 45%。❷ 当今，能源消费格局正在发生调整，西方国家消费中心在向发展中国家倾斜，中国通过"一带一路"合作强化了双多边合作机制，建立了能源伙伴关系网络，但在能源定价权和国际能源治理方面，还有很长的路要走。

从中国话语权塑造困境来说：一是从整体上看，以中国为主的发展中国家，在和西方发达国家在能源话语权领域，普遍遭到歧视和不公正待遇，其经济诉求和和平发展道路，遭遇到西方主导的国际舆论的质疑、误解和贬损。在舆论引导上，中国崛起是这个时代不可阻挡的趋势，而西方推出所谓"中国威胁论"则以打压中国发展为目的，也从大环境上给中国

---

❶ 贾兆义，张传泉. 新时代中国国际话语权建构任务、理念和路径 [J]. 云梦学刊，2019，40（2）：81 – 85.

❷ 麦肯锡全球研究院. 麦肯锡 2019 中国报告 [EB/OL]. （2020 – 01 – 06）[2021 – 05 – 26]. https：//www. thepaper. cn/newsDetail_forward_5391968.

国际能源合作造成了一定的"话语困扰"。在合作机制主导上,美国是国际能源署的主要主导者,国际能源署的议程设置、价格机制、研究报告等都是在美国的主导下完成的。中东等产油国是 OPEC 的主导者,是调控全球石油供应的源头,和期货市场一同左右着能源价格,中国倡议下的"一带一路"能源合作机制以及代表发展中国家的能源权力格局。在深入影响国际能源格局和秩序方面,还需要时间和发展;在能源舆论的主导上,发展中国家整体上,缺乏对自身能源形象的主动权和控制力,而霸权国家则控制舆论成为"美化"单边主义的工具。美国主导的中东军事行动被冠以"反恐""民主革命""打击独裁者""维稳"等名,而中国等发展中国家,能源需求常会被冠以"责任论"和"新殖民主义"等不实头衔遭到发展制约和舆论伤害。针对《巴黎协定》,中国承诺力争于 2030 年前碳排放达峰,努力于 2060 年实现碳中和,中国从碳达峰到碳中和的过渡期约为 30年。当前,中国非化石能源占一次能源消费比重逐步上升。《中华人民共和国国民经济和社会发展第十四个五年规划和 2035 年远景目标纲要》提出,"力争 2030 年前实现碳达峰,2060 年前实现碳中和"。❶ 西方国家借减排压力,向中方伺机发动"舆论战",企图给 30 年实现碳中和这一中国担当制造"话语困扰"。

自主性的战略目标必须锁定在如何在下一步的国际合作中"增强话语权赢得主动权",同时依靠需求大国的身份,给予中国合理的定位和需求大国应有的大国待遇,即中国的"需求型大国"身份的合法性被认同,国家的能源需求和利益被正确解读,中国的国际权利和国内能源消费巨大的合理性被接受,中国能源治理的成效被肯定,并且转化为消费大国的权力,为中国"话语权"赢得发展的空间。

中国新能源技术和产业发展迅速,风电、光伏等可再生能源已进入平价时代,而对绿色金融的需求及其重要性也日渐显现出来。从市场潜力讲,未来,新能源发电、绿色零碳建筑、先进储能、高耗能企业低碳改造

---

❶ 中华人民共和国国民经济和社会发展第十四个五年规划和 2035 年远景目标纲要 [N]. 人民日报,2021 – 03 – 13(1).

等领域将新增大量绿色投融资需求。因而，近几年，在国家政策引导和行业巨大需求共同作用下，国内金融机构正在积极寻求支持碳中和与绿色能源发展的路径，中央也出台了一系列针对新能源和可再生能源的金融政策，形成了一定成果：《关于支持分布式光伏发电金融服务的意见》(2013)，《能源发展战略行动计划（2014—2020）》(2014)，《战略性新兴产业专项债券发行指引》，《可再生能源发展专项资金管理暂行办法》(2015)，《可再生能源发电全额保障性收购管理办法》，《关于构建绿色金融体系的指导意见》(2016)，《关于引导加大金融支持力度促进风电和光伏发电等行业健康有序发展的通知》(2021) 等。目前，中国碳金融市场发展规模迅速扩大，已成为全世界范围内仅次于欧盟的第二大市场，同时，仍有巨大的成长空间。国家对清洁能源的金融支持与碳金融市场的形成，将对"一带一路"能源金融形成重要的制度影响：一方面，金融支持将会涉及更多"一带一路"清洁能源项目，而这也是"一带一路"传统能源国家为摆脱能源路径依赖所积极寻求的合作方向；另一方面，国内碳金融市场的形成也将逐渐辐射"一带一路"沿线国家在华投资的方向和第三方合作市场，甚至未来极可能形成一个"一带一路"碳金融市场。❶

构建中国主导的能源话语权是自主性能源战略实施的重要部分，通过"一带一路"努力提升国际公共产品的供应能力，积极提供全球治理的"中国智慧""中国方案"，赢得更有利的话语形势，以便在能源领域的话题上为国家发展争取更大的空间，推动国家利益的实现。

第三节　中国国际能源合作战略自主性的原则

战略原则的制定有基于发展或者基于威胁两种，"确定战略原则时，

---

❶ 吕江．"一带一路"能源金融的制度建构：国家属性、实践挑战与应对策略 [J]．马克思主义与现实，2019（2）：162.

基于威胁制定战略与基于发展制定战略有巨大的不同"。基于发展的战略原则，凸显积极目标，谋划使其成为真正的超级大国；而基于威胁的战略原则，是针对外部威胁的消极应对目标，"基于发展制定的战略层次高于基于威胁制定的战略层次"❶。当代中国发展的战略目标，就是实现中华民族伟大复兴的中国梦，中国正经历着从传统的威胁应对模式到能力塑造模式的演进，中国建设从应对型发展向塑造型发展转变。因此，在国际能源合作战略中，在坚守基本能源利益的同时，要用发展的眼光指导能源战略的制定。

一、尊重能源主权原则

主权是一个国家所拥有的至高无上的、排他性的政治权力，是一个国家所拥有的独立自主地处理其内外事务的最高权力。国家以最高权威和独立自主的方式处理一切内部事务和外部事务，在这个过程中不受任何其他国家或实体的干涉和影响。❷ 简言之，主权是"自主自决"的最高权威，"为了主权利益，中国可以在战略上割舍对外依存度"❸，"在中国的战略排序中，主权问题是第一位的和压倒一切的，因为关乎政权的存亡"❹。

能源主权原则是经济主权原则❺在能源领域的主要体现，指一国有权独立自主地选择本国的能源制度，对涉及本国的一切能源事务，享有充

---

❶ 王帆. 新开局：复杂系统思维与中国外交战略规划 [M]. 北京：世界知识出版社，2014：223.

❷ 奥本海. 奥本海国际法 [M]. 詹宁斯，瓦茨，修订. 王铁崖，等，译. 北京：中国大百科全书出版社，1995：6－10.

❸ 中共中央文献编辑委员会. 《邓小平文选》（第二卷）[M]. 北京：人民出版社，1983：377.

❹ 王帆. 新开局：复杂系统思维与中国外交战略规划 [M]. 北京：世界知识出版社，2014：215.

❺ 经济主权原则，最初来自1974年联合国大会通过的《各国经济权利与义务宪章》："每一个国家都享有独立自主和不容剥夺的权利，可以根据本国人民的意愿，不仅选择本国的政治、社会和文化制度，而且选择本国的经济制度，不受任何形式的外来干涉、压制和威胁。""每个国家对本国的全部财富、自然资源以及全部经济活动，都享有并且可以自由行使完整的、永久的主权，其中包括占有、使用和处置的权利。"

分、完全、独立自主的决定权，可以排斥所有外来干涉独立处理能源事务的最高权力。能源主权原则是国家主权原则在国际能源合作中的要求，贯穿于能源投资、生产、运输、进出口、消费等诸多环节，国家既能自主制定各种国内的和涉外的能源立法和政策，又具备自主地开展对外缔结各种涉及国际能源事务的国际条约的权力。它也体现在，国家对其境内的能源资源的永久主权。发展中国家拥有自由处置能源资源的权力，恢复对能源资源的有效控制权和要求损害赔偿的权力，以及按照环境政策管理其能源资源的权力等。❶

能源主权原则的内涵和应用范畴，在历史上经历了一个演变过程。能源主权起初是发展中国家用来维护国家能源主权的工具，二战以后被写入联合国文件，相关内容在《关于自然资源永久主权的宣言》《关于自由开发自然财富和自然资源的权利的决定》《建立新的国际经济秩序宣言》《各国经济权利与义务宪章》等一系列文件中有所体现。从维护发展中国家主权倡导"每个国家对本国的全部财富、自然资源以及全部经济活动，都享有并且可以自由行使完整的、永久的主权，其中包括占有、使用和处置的权利"，到把自然资源开发纳入主权范畴，规定"自由开发自然资源是主权所固有的内容""国家对自然资源享有永久主权的原则"等，再到新时期随着深海、极地、太空等能源的开辟和全球能源消费格局的调整，能源主权概念得以扩展，国际社会对能源主权原则的认识也逐渐从维护发展中国家主权，到普适性国家主权，继而推广至国际合作和国际组织层面以及各具体合作领域中。随着国际社会的相互依赖加深，新时期的国际能源合作增加了"国际共谋发展原则"的共识，能源主权从维护本国资源控制权上，逐渐发展到保护能源合作不受干扰、独立行使合作和监管等领域的主权维护上，国际法也在适应新时期能源合作方面进行了更新。

中国作为最大的发展中国家和"一带一路"倡议的发起国，尊重能源主权原则，不仅体现在对国家主权的认识，也体现在对国家利益和国际社

---

❶ 杨振发. 国际能源合作中的国家能源主权原则研究［J］. 红河学院学报，2010，8（5）：29－32.

会利益共存的认识。在国际能源合作中，不仅仅是维护中国处理国际能源事务的独立性不受干扰，合作意图不受恶意扭曲，也要维护中国海外企业在合作项目中不被"能源民族主义"侵扰。中国坚持能源主权原则，体现了中国充分尊重沿线国家的发展利益，寻求合作共赢的持久发展之路。

第一，"一带一路"能源伙伴关系是体现和实践能源主权原则的重要平台。中华人民共和国成立后，中国一直奉行和平共处五项原则。这五项原则不仅成为中国奉行独立自主和平外交的政策基础，同时也被全球绝大多数国家接受，成为规范国际关系的重要准则。1955 年 4 月，中国参加在万隆召开的亚非会议，《亚非会议最后公报》吸收中国代表团的建议，形成了和平共处、友好合作的十项原则，使和平共处五项原则得到体现和引申。1972 年，《中华人民共和国和美利坚合众国联合公报》指出："双方同意，各国不论社会制度如何，都应根据尊重各国主权和领土完整、不侵犯别国、不干涉国内政、平等互利、和平共处的原则来处理国与国之间的关系。"❶ 1981 年，在墨西哥坎昆举行的关于合作与发展的国际会议上，中国提出关于国际合作的五项原则。❷ "一带一路"能源合作伙伴关系，宗旨是坚持共商、共建、共享，推动能源互利合作，促进各参与国在能源领域的共同发展、共同繁荣，是为了推动能源互利合作，助力各国共同解决能源发展面临的问题，实现共同发展、共同繁荣。"一带一路"命运共同体和能源伙伴关系，为中国和沿线国家在深化能源国际合作、促进全球能源变革等重大问题方面提供了深入交流、凝聚共识的合作契机。中国尊重沿线国家的能源主权，"一带一路"能源合作，不仅能够提升中国能源多元化供应渠道，提升能源安全水平，而且也可以改善沿线国家和地区的能源基础设施、融资环境、交通运输以及技术软环境等要素。"一带一路"

---

❶ 张素林. 中美关系解冻与中美三个联合公报［J］. 上海人大月刊，2012（3）：51 – 52.

❷ 第一，积极支持发展中国家发展民族经济、实现经济上的独立自主以及实行集体自力更生的一切努力。第二，按照公平合理和平等互利的原则改革现存的国际经济秩序。第三，把建立国际经济新秩序这一根本目标和解决发展中国家当前的紧迫问题，正确地、密切地结合起来。第四，发展中国家有权采取适合本国国情的发展战略；发达国家不应该以发展中国家的国内改革作为建立国际经济新秩序的前提。第五，积极推动旨在改善发展中国家经济地位的南北谈判，以利于发展世界经济和维护世界和平。

能源合作成果丰硕，一大批标志性项目落地，在当地取得了良好的经济和社会效益，给项目所在国民众带来了实实在在的好处。中国企业"走出去"建立在充分尊重发展中国家发展主权和能源合作意愿的基础上，并且积极承担社会义务，能源合作规模逐渐扩大、基础设施建设取得快速进展。2020年，我国企业对 58 个"一带一路"沿线国家非金融类直接投资达 177.9 亿美元，同比增长 18.3%，占同期总额的 16.2%，较上年提升 2.6 个百分点。我国企业承揽的境外基础设施类工程项目 5500 多个，累计新签合同额超过 2000 亿美元，占当年合同总额的 80%，其中一般建筑、水利建设类项目新签合同额增长较快。❶

第二，"一带一路"能源主权，是建立在充分尊重各国经济差异和能源发展共识基础上的。目前，"一带一路"共建覆盖数十个国家，多数国家的城市化和工业化水平处于起步阶段，各国在发展模式和增长速度方面存在较大差异。其中，18 个国家跻身高收入国家行列（人均收入超过 12 476 美元），阿富汗为低收入国家，绝大多数国家（46 个）处于中等收入阶段 [中收入国家占 24 个（2019 年尼泊尔迈入中低收入国家行列），中高收入国家 22 个]。❷ 不仅各区域间存在明显发展不平衡和经济水平的差异，广大的"一带一路"沿线国家，特别是众多内陆发展中国家和新兴市场国家由于基础设施落后而长期被隔离在全球市场之外。2018 年，世界银行研究发现，"一带一路"沿线经济体的基础设施和政策差距对国际贸易和外商投资造成了极大阻碍，沿线经济体的贸易量、外国直接投资分别低于其潜力的 30%、70%。❸ 中国建立第三方市场合作机制，推出了《第三方市场合作指南和案例》，与法国、日本、意大利、英国等国家签署第三方市场合作文件，目的在于结合三方资源——发达国家的资金和技术、沿线国家的市场与资源、中国的制造能力，实现多方共赢。

❶ 商务部 . 2020 年中国对外投资合作情况 ［EB/OL］. （2021 - 02 - 10）［2021 - 05 - 26］. http：//www. mofcom. gov. cn/article/i/jyjl/l/202102/20210203038250. shtml.

❷ 赵宏图 . 超越能源安全："一带一路"能源合作新局 ［M］. 北京：时事出版社，2019：329.

❸ 范志勇 . 以共建"一带一路"应对全球经济长期停滞 ［EB/OL］. （2019 - 10 - 15）［2021 - 05 - 26］. https：//m. thepaper. cn/newsDetail_forward_4680159.

第三，弘扬能源主权原则的积极意义，避免能源霸权。《世界能源蓝皮书：世界能源发展报告（2017）》曾指出，2008 年金融危机后，全球"能源民族主义"有所抬头。历史上，西方国家推动的全球一体化运动曾经受到发展中国家主权原则的抵抗，而当前，西方发达国家针对发展中国家的能源主权侵害依旧存在。能源主权是国际能源合作法律的基础与前提，自主行使能源权力是国家主权在能源领域的延伸，缺乏能源主权就无法保障国家经济发展，也不具备国际合作的基石。能源主权是国际能源合作的首要基本法律原则，是发展中国家谋求经济独立与发展的前提和基础，也是实现能源独立最根本的体现。中国作为最大的发展中国家，倡导公平合理的国际政治经济秩序，在全球一体化背景下拥有能源主权，对于一个发展中国家，意味着能够具备在日益开放的国际环境中增强抗击突发事件和提升能源国际合作良性运作的能力，从而保障该国的能源主权的独立与不受外界的干涉；而缺乏能源主权就谈不上一国的能源发展与能源合作，合作就沦为赤裸裸的霸权行径和资源掠夺。因此，能源主权是发展中国家参与国际合作、保证发展利益的前提和基础。

第四，避免过度的能源主权及"能源民族主义"。"能源民族主义"虽然是极端化的能源主权的一种呈现，但是却是普遍存在的现象。一方面，西方国家不断针对中国进行舆论施压。在国际合作的过程中，西方某些国家为了破坏其他国家的发展权益，煽动民族主义情绪，制造能源合作阻力。中国能源企业"走出去"，遇到的所谓"能源威胁论""新殖民主义"等负面言论，实际上是对中国能源主权的一种侵犯。另一方面，中国企业"走出去"过程中，需要在社会责任上做得更多，从而避免"能源民族主义"被恶意诱发的可能。随着中国海外能源利益的扩大和海外收购能力的增强，针对传统油气，目标资源国人为提升了法律干预、经济制约等障碍，合作区块勘探开发难度增大。近几年，在能源企业的海外实践中，企业的积极参与及其在沿线国家的诸多经营活动往往成为落实"一带一路"项目投资的关键，并影响"一带一路"建设能否顺利进行。"能源民族主义"基于资源的有限性和资源保护的想法，针对战略物资的保护等并不是孤立性存在的，往往会引发国际社会影响。中国致力于提升新能源国际领跑能力，已经在水电、风电和太阳能方面的投资分别占全球总投资的36%、40%、36%，而沿线地区投资的部分项目具有环境风险，关于水资源等国际公共产品的开发利用和国家主权方面的舆论，也往往成为国际媒体和非政府组织的重点关注领域。这就需要中国把环境影响评估、社会责任具体落实，以及出台相应的监管措施。境外新冠肺炎疫情发生后，中国企业在当地积极配合抗疫，派出医疗专家组、提供采购医疗物资，做了很多工作，也收到了项目国积极的反馈。

二、构建规则机制原则

国家往往由其自我利益而非公共利益驱使，因而国际合作并不容易达成。[❶] 国际机制是指在某一特定问题领域里组织和协调国际关系的原则、准则、规则和决策程序。[❷] 能源国际合作机制存在的意义就在于创造互利的能源国际合作环境，并在互利的基础上实现和调节各国能源利益的分配。机制从来就是实力的最终结果，并依靠实力来维持，能源国际合作机制的内在缺陷是妥协性。[❸] 当下的国际合作机制是布雷顿森林体系在能源领域的延伸，诸多的国际组织和合作框架是在西方世界获取能源话语权的博弈中建立起来的。中国自主性能源发展，离不开建立符合中国和众多发展中国家和能源消费国群体利益的合作机制，新时代中国提出"一带一路"能源国际合作，坚持打造能源利益共同体、责任共同体和命运共同体，推动加强重点区域能源合作，构建相关能源合作机制，顺应了广大发展中国家能源合作诉求和时代发展潮流。

在"一带一路"倡议推出前，中国和国际组织开展了合作，并且取得了一定成果，但主要是跟随者、适应者。中国与国际能源署进行诸多合

---

❶ 门洪华. 国际机制的有效性与局限性 [J]. 美国研究，2001 (4)：14.

❷ 杨耕. 国际经济机制确立和运行过程中的权力因素分析 [J]. 工业技术经济，2011，30 (12)：120.

❸ 赵庆寺. 国际合作与中国能源外交：理念、机制与路径 [M]. 北京：法律出版社，2012：302.

作，国际能源署发表专门针对中国能源机遇与挑战的出版物，并与科技部、国家能源局、国家统计局联合举办包括石油应急演练、非常规天然气论坛、国际电动汽车论坛及统计培训在内的多项活动。在与 OPEC 的合作中，2005 年 12 月其轮值主席法赫德访华之后，双方建立定期对话机制——能源圆桌会议，并于 2006 年 4 月举行了第一次中国—OPEC 能源圆桌会议。经过多年的合作，中国与沙特、科威特、伊朗等主要产油国在 OPEC 框架内建立了稳固的合作关系。此外，与世界能源理事会、世界石油大会、国际煤气联盟、亚太经合组织、上海合作组织、欧盟、东盟等，中国都积极参与能源对话。此前既有的国际能源治理体系和框架机制已经暴露出来一定的问题（见表 3.1），一些能源组织呈现"碎片化"形态、缺乏有效的协调。在"一带一路"倡议推出前，其对发展中国家和新兴能源大国的针对性较强、高规格、大范围的能源合作机制并没有独立出来，多数是在双多边整体合作框架下探讨能源议题，如在东盟、亚太经合组织框架下。这些框架，并不能完全反映发展中国家的利益，也不利于新兴经济体为主的能源消费国在国际合作中赢得更多主动权。

表 3.1　全球主要能源治理机构的特点和存在的问题

机构名称	主要特点与作用	存在的主要问题
IEA	成立的初衷是对抗 OPEC 的石油禁运，代表发达能源消费国的利益，IEA 具备一定的全球能源治理能力	中国、印度等能源消费大国未加入，面临权力与实力之间不匹配；加入的门槛过高；对新能源、气候变化等相关领域的重视程度不够
OPEC & GECF	成立的初衷是维护石油和天然气出口国的利益，协调出口配额和价格；在早期只关注自身利益，现开始在稳定国际市场油价等方面发挥积极的作用	一是地区局势动荡、宗教问题、民族问题长期存在，内部经常出现分歧，OPEC 成员国拥有闲置产能；二是美国能源独立，诸多大国如俄罗斯、美国、加拿大等未加入该组织
ECT	作为国际能源领域具有法律约束力的多边条约，在推动和促进能源领域的贸易、投资自由化，保障过境运输安全等方面发挥了重要作用	作为发端于欧洲国家的能源宪章，有一定的区域限制；对于在能源投资自由化过程中产生的争端解决机制奉行无差别对待原则，这对发展中国家相对不利

机构名称	主要特点与作用	存在的主要问题
IEF	世界能源论坛的特点是中立性，既代表消费国也代表生产国，主张双边对话	为对话性质的协调平台，关注现实石油、天然气等传统能源问题，在整体能源治理体系中的影响有限
G20	G20成员国经济总量和能源消费总量对世界影响举足轻重；属于领导人峰会，议题广泛，主要起引领和高层协商作用	能源只是G20的议题之一，成员国缺少石油、天然气主要生产和出口大国，本身并不是一个具有强制力的机制

资料来源：王礼茂，屈秋实，牟初夫，等．中国参与全球能源治理的总体思路与路径选择[J]．资源科学，2019，41（5）：827．

在此背景下，"一带一路"能源合作框架构建了新的全球能源治理机制，顺应了发展中国家寻求能源治理改革的呼声，维护包括能源生产国、消费国、过境国等在内的尽可能多的利益相关国的核心关切和区域能源安全，并充分体现能源领域新兴大国的利益诉求。倡议发出以来，中国多次举办国际性能源会议，积极构建新型能源合作机制。2014年第11届APEC能源部长会议在北京举办，发表《北京宣言》；2015年和2016年连续举办两届苏州国际能源变革论坛，达成《苏州共识》；2016年举办G20能源部长会议，发表《北京公报》；2017年举办"一带一路"国际合作高峰论坛"加快设施联通"平行主题会议，推出《推动"一带一路"能源合作愿景与行动》；2018年举办首届"一带一路"能源部长会议和国际能源变革论坛；2019年举办"一带一路"新能源国际合作论坛，等等。中国与国际组织联合举办研讨会，如煤炭与投资研讨会、国际能源署的中国电力改革研讨会、国际工业能源效率专题研讨会等，是彼此深化和发展合作的重要的一步。

"一个国家通过分享经济全球化收益，以增进自身发展与安全的能力，其中包括，一国参与制定国际经济规则的能力。"❶ 构建符合广大发展中国

---

❶ 中国现代国际关系研究院经济安全研究中心．国家经济安全[M]．北京：时事出版社，2005：73．

家的能源合作机制，在这个机制下，包含符合发展中国家利益的能源计价体系、公平的合作规则、企业投资竞争机制、风险预警和保障体系等，提高发展中国家合作效能和参与积极性，保障发展权力和能源权力，推动地区能源资源优势互补。目前中国已经取得了一些"一带一路"双多边能源合作的成就，构筑了一定的框架和机制，如"一带一路"能源合作伙伴关系、中国—阿盟清洁能源培训中心、中国—东盟清洁能源能力建设计划、中国—中东欧能源项目对话与合作中心、中国—非洲能源合作中心、亚太经合组织可持续能源中心、中国—欧盟能源合作平台等。现如今，中国在区域合作上，已经具备在技术、融资、基础设施等诸多方面的优势，也有承担负责任大国的心态，更有分享经济发展成果的决心。

三、寻求绿色发展原则

进入21世纪后，全球进入了气候议题，西方发达国家纷纷迈向低碳经济发展模式，并且以"三低"（低耗能、低污染、低排放）和"三高"（高效能、高效率、高效益）为宗旨出台了一系列政策和经济发展目标。通过新能源技术创新和产业发展，逐步摆脱对化石能源的依赖，从而减少温室气体排放、获得较大产出，推动社会的清洁和可持续发展，是当下全球主要能源消费国制定能源战略的重要内容。

在全球能源消费革命演变进程中，能源消费经历了煤炭到石油，再到替代能源持续性扩大的能源消费时代。

党的十八大以来，习近平总书记着眼新时代的发展要求，创造性地提出"四个革命、一个合作"的能源安全新战略[1]，强调着力构建清洁低碳、安全高效的能源体系[2]，引领中国能源发展迈入全新的高质量发展阶段。

---

[1] 2014年6月习近平总书记在中央财经领导小组第六次会议上发表重要讲话，鲜明提出推动能源消费革命、能源供给革命、能源技术革命、能源体制革命和全方位加强国际合作等重大战略思想。

[2] "十三五"规划和十九大报告均指出，未来中国要推进能源革命，构建清洁低碳、安全高效的能源体系。

在"一带一路"能源合作中，推进清洁能源开发利用是重点之一。2020年12月21日，国务院新闻办公室发布发表《新时代的中国能源发展》白皮书，总结了新时代中国清洁能源发展取得的历史性成就，提到党的十八大以来，中国能源生产和利用方式发生重大变革，多轮驱动的能源稳定供应体系基本形成，能源节约全面推进，以年均2.8%的能源消费增长支撑了年均7%的国民经济增长。能源消费总量中清洁能源占比23.4%，较2012年提高8.9%，风电、水电、太阳能发电累计装机规模均位居世界第一。完备的水电、风电、核电、太阳能发电等清洁能源装备制造产业链的建立，有力地支撑了清洁能源的开发利用。能源的绿色发展推动了碳排放强度的下降，中国2019年碳排放强度比2005年降低48.1%，提前实现了2015年提出的碳排放强度下降40%~45%的目标。❶ 2021年3月十三届全国人大四次会议审议通过的《中华人民共和国国民经济和社会发展第十四个五年规划和2035年远景目标纲要》中指出"推进能源革命，建设清洁低碳、安全高效的能源体系"，并提出"落实2030年应对气候变化国家自主贡献目标，制定2030年前碳排放达峰行动方案……锚定努力争取2060年前实现碳中和，采取更加有力的政策和措施"。❷

第一，中国作为最大的能源消费国，发展新能源有利于保障国家能源安全，提升国际竞争力。在全世界范围内，随着能源消费量的上升，对传统化石能源的过度依赖使资源正在逐渐枯竭，造成了巨大的能源安全隐患，同时，随着全球能源消费上升，全球对资源的争夺日趋激烈，争夺的方式日趋复杂，由能源争夺而引发冲突或战争的可能性依然存在，能源安全已从单纯的保障供求上升到涉及政治、经济、军事等诸多因素的复合型议题，消费国在源头开发、购买、运输等能源链条各个环节投入增加，各个环节累加的不确定性进一步加剧了能源安全风险。新能源的开发和规模运用会改善对外依存度过高的问题，能源对战略问题的影响就会因此而下

---

❶ 中华人民共和国国务院新闻办公室. 新时代的中国能源发展 [N]. 人民日报，2020 - 12 - 22 (10).

❷ 中华人民共和国国民经济和社会发展第十四个五年规划和2035年远景目标纲要 [N]. 人民日报，2021 - 03 - 13 (1).

降。各国把发展以新能源为主的替代能源放在国家能源战略的重要位置，主要能源消费国如美国、日本和欧盟在加快建立石油战略储备、提高化石能源使用效率的同时，加快新能源步伐以引领能源的可持续发展，破解"能源安全困境"（见表3.2）。

表3.2　美国、日本和欧盟新能源简要动向

国家或地区	能源战略	主要新能源动向
美国	①奥巴马：提出节能增效、新能源开发、智能电网研发和应对气候变化四大政策支柱。②特朗普：凸显"美国优先"理念，重视化石能源尤其是页岩油开发，将能源出口当作一种政策工具和地缘政治武器。③拜登：在竞选纲领中给出了非常详细的绿色能源计划，其实施核心是新能源的研发、广泛应用与对传统能源替代升级	①风能：积极部署海上风电先进技术示范项目；②太阳能：继续采用投资补贴、价格补贴、税收优惠等财政补贴政策；③核能：加强安全管理的同时加强核能创新体系建设
日本	强调能源的安全性与稳定性、经济性和环保性，其《第五次能源基本计划》首次将可再生能源定位为2050年的主要能源	出台系列监管政策和财税政策，如净电表制度、政府补贴、税收优惠等。核电发展遭遇低谷后，日本对能源政策作了重大调整，开始将可再生能源作为重点发展方向
欧盟	能源资源相对贫乏，内部供应存在巨大缺口，消费严重依赖进口。加之一贯重视环境保护，欧洲各国十分重视新能源的研发和利用	新能源政策框架基于欧盟整体情况和利益，总体以保障能源供应安全、提高欧盟竞争力和实现经济与社会的可持续发展三个方面为目标。在能源技术研发、投资补贴、能源税等方面制定了大量的激励政策

对中国来说，加快新能源合作和开发是改善能源消费结构、降低油气对外依赖、寻求能源安全和可持续发展的重要一环。2019年，中国原油净进口量、成品油净出口量分别突破5亿吨、5000万吨大关，原油和石油对外依存度双破70%，天然气依存度突破45%。近年来随着"一带一路"能源合作的深入推进和科研水平的提升，能源装备技术的国产化水平得到了显著提升，但仍有部分核心部件、特殊材料和关键技术受制于人。受中美贸易摩擦等的影响，美方持续加大对华高新科技封锁的力度，将部分能

源核心技术列入管制范围，对中国新能源科技安全构成直接威胁。新能源国际合作对于中国加快摆脱对传统油气的依赖，维护能源安全、增强能源自主性处于核心重要地位。

第二，绿色发展已经成为世界各国在应对气候变化谈判过程中的重要筹码，同时，能源发展模式的不同带来的气候变化问题突出，气候问题与国际政治、世界经济相互交织而愈发复杂，绿色发展已经成为新一轮国际竞争的标识。从国际合作本质要求看，气候变化需要国际社会树立人类命运共同体意识，坚持多边主义，尊重各国发展差异，探索符合各国国情的绿色低碳转型和可持续发展道路。对中国来说，绿色发展是实现可持续发展和科学发展的必选之路、低碳减排的发展目标，符合国家推进经济结构战略性调整的原则。作为世界第一大石油进口国，中国面临着国内经济低碳发展和全球温室气体减排的压力。但作为国际社会负责任大国，中国近年来表现出积极应对全球性挑战和推进开展国际合作的决心，承诺"2030年碳达峰，2060年碳中和"。在经济建设和改革开放的进程中，中国确立保护环境和节约资源的基本国策，将生态文明理念和生态文明建设写入《中华人民共和国宪法》，纳入中国特色社会主义总体布局，制定和公布《中国应对气候变化国家方案》《中国落实2030年可持续发展议程国别方案》《国家应对气候变化规划（2014—2020年）》《全国碳排放权交易市场建设方案（发电行业）》等一系列文件，认真履行《联合国气候变化框架公约》、气候变化《巴黎协定》等规定的相关义务，把清洁能源的发展纳入经济社会的发展规划，坚定不移地推进经济结构的战略调整。在"一带一路"建设中，中国已开始在应对气候变化、保障绿色能源供应方面有所作为，推出绿色基建、绿色能源、绿色交通、绿色金融等一系列举措；在南南合作中，帮助发展中国家提高应对气候变化能力，与非洲和东南亚等地开展气候遥感卫星、低碳示范区等合作。

第三，绿色发展理念鲜明提出绿色富国的重大命题，大力发展新能源和节能环保等战略性新兴产业，培育现代能源产业，建立健全绿色低碳循环发展经济体系，促进经济发展方式的转变事关新时期国家高质量发展。当前，中国新兴能源利用技术与国外差距逐渐缩小，在有些领域处于国际领先水平，需要进一步通过新能源技术要素的流动，形成产业优势。目前，新能源国际合作主要以光伏、水电、风电为重点，尤以光伏、风电国际合作为主。到 2019 年末，中国企业累计参与国际水电合作项目 406 个，装机规模达到 1.27 亿千瓦，建设模式以承包类为主，在国际合作项目总数量中占比近 70%。❶ 中国为全球数十个国家通过供应新能源公共产品、提供相应的解决方案，在境外推动新能源工程总承包及融资业务，承接相关国家的新能源项目的工程设计、建设工作。未来，新能源产业链条上多个环节需要克服"卡脖子"技术短板瓶颈，自主可控水平有待持续性提升，产业合作范围也需进一步拓宽，要立足自身技术攻关，通过国际合作强化技术交流、联合攻关，加强先进储能、能源互联网、智能电网、页岩油气、智能电网、深海能源、太空能源等新兴能源领域的技术研究和产业布局。

---

❶ 姚金楠.《中国可再生能源国际合作报告（2019）》发布：可再生能源已具备明显成本优势［N］. 中国能源报，2020 - 07 - 13（3）.

第四章 中国国际能源
战略自主性的实现

　　"一带一路"沿线国家油气资源丰富、消费量巨大，地区互补性很强，以中国为首的亚洲地区带来了主要的消费增长。当下中国能源实力主要集中在油气消费规模以及相应的地区基础设施、投资建设等领域，在海外油气影响力和引领方面，还需要推动国内外两种资源的高效配置和两个市场互补联动，推动地区油气影响力相关项目和机制建设，以促进地区高质量合作发展和优化油气合作格局。

第一节　提升中国"一带一路"油气影响力

一、打造具有影响力的交易中心

　　中国目前与建成有全球和地区影响力的国际能源交易和定价中心还有一定距离。目前，国内层面，油气行业市场化改革步入深水区；国际层面，"一带一路"能源合作持续深化，中国与沿线国家油气贸易规模和贸易频度逐步扩大，多元化油气进口通道和海外贸易网络正在逐步建成。油气交易中心建设有助于进一步深化油气价格改革，加快中国能源市场化改革步伐，对形成有国际影响力的价格基准、进一步促进油气市场化机制的完善有积极意义。

建设油气交易中心的目的，主要在于获得一定定价话语权、消除溢价、推动市场化改革、加强国际合作。目前，中国油气交易中心在数量上持续性加快，但距离成熟的格局还有一定距离。上海石油天然气交易中心是中国首个以石油天然气等能源现货交易的国家级平台，2016年11月正式运营。2017年1月，第二个国家级油气交易中心落户重庆。上海、重庆油气中心建成后，油气贸易覆盖了华东和西南两个地区。西安、舟山、深圳等地也在加快和完善油气交易中心建设。2019年10月，第三个油气交易中心落户西安。2020年11月，粤港澳大湾区国际能源交易中心在北京成立，这是继伦敦和纽约交易中心之后又一个重要的国际能源交易平台，未来将逐步发展成为全球具有影响力的国际综合型交易所。在优化大湾区能源结构方面，《广东省推进粤港澳大湾区建设三年行动计划（2018—2020年）》对油气交易中心作出了方向性定位。另外，浙江国际油气交易中心已正式揭牌，未来将融入浙江自贸区油气全产业链建设，逐步发展成浙江自贸区油气交易核心平台。目前，不管是全国性的还是区域性的交易中心，在规模数量上，中国油气中心建设取得了进展。另外，中国油气中心在其他要素方面，如庞大的交易能力、发达的金融市场、专业化国际化的人才团队、基础设施建设、公平的准入机制、市场容量等方面，还需要不断完善。

国外成功的油气交易中心具有显著特点：一是能够容纳丰富的交易品种和交易功能，吸纳主体多，平台交易者众多，市场结构多元，能够满足市场多主体参与的需求；二是打造具有国际影响力的油气交易中心，欧美国家交割枢纽不少，但汇聚力量建设一到两个有全球影响力的交易中心，也便于形成有影响力的价格基准指数。以美国经验看，油气交易中心的建立主要是伴随着美国能源监管部门对于油气市场监管政策的改变而逐步发展起来的，基于市场竞争的定价机制取代了之前行政管制的定价模式。自由竞争的市场环境下，生产商尽可能降低成本、发掘潜在需求、增加供应量，消费者通过竞争议价的方式，灵活选择价格较低的天然气供应来源。[1]
而从无到有打造石化全产业链生态体系、具备大宗商品综合竞争优势的新加坡，其经验在于构建良好的石化产业生态基础，大力引进国际知名石化企业形成跨国石油贸易网络；建立对贸易有利的金融环境，推出贸易结算自由等政策；建设现代化的商业服务和物流体系，推出"贸易网"，成为全球第一个覆盖全国的贸易自动登记与处理系统，提升了物流体系的便利化；建设配套的国际化的法律、监管体制和人才引进培养机制等。[2]

在交易中心国际化建设上，需要着力几个方面：服从服务国家战略和区域性布局，提升几大交易中心发展和发展特色，提升对长三角、大湾区、京津冀、西部等区域性经济发展宏观战略的服务能力，培育核心竞争力，注重能源产业对地区价值品牌的提升作用；建设油气交易中心需要纳入"一带一路"倡议下，融合能源发展国际化大局，支持中国周边国家、"一带一路"沿线国家，形成"一带一路"倡议下多地联动的油气交易市场、区域油气交易市场格局，形成价格优势；加快国内油气交易中心国际功能培育，避免同质化竞争，坚持发挥龙头带动作用，注重香港、上海国际能源交易吸引力；针对国外多地油气交易中心强化比较研究，立足中国海外利益维护，联合东北亚、东南亚、中东等国家，依托不同区域下的油气政策，推动能源金融引领作用和互补发展；依托中国能源市场，大力推进能源金融改革，结合拉动地区生产总值和增加税收，加强国家管网运作下的互联互通、全国调度，以及市场风险和竞争机制建设等。

在打造国际油品交易中心的同时，加快配套服务机制、基础设施等"软""硬"建设：加快和完善码头、管网、油罐、地下油库、锚地、物流基地等基础设施建设，依托上海、青岛、洋浦经济开发区自由贸易区，建设石油储备保税区，建设区域性的交收储存枢纽，完善管网设施布局规划，完善交通枢纽功能、建设数字贸易国际枢纽港等；营造具有国际竞争力的商务生态环境，完善便捷化服务机制和网络配套专业服务，结合中国

---

[1] 吕淼. 美国天然气交易中心建设浅析 [J]. 能源，2017 (9)：72–76.
[2] 陈嵘. 新加坡经验对浙江自贸区打造国际油气交易中心的启示 [J]. 特区经济，2019 (11)：29–32.

国情和国际先进经验，开辟创新管理和服务制度，实现货币兑换自由化、监管高度便捷化、物流网 5G 配套建设；加快现代化能源物流市场的监管和管理，加快对绿色运输和现代能源物流科技发展出台引导性政策；研究制定国家管网运营和调度规则，推动油气管网运营机制改革，研究出台油气管网价格管理办法和成本监审办法，提升油气管道运输定价成本相关研究；提升和吸纳能源金融相关人才队伍水平和能力提升，等等。

二、扩充油气战略储备能力

根据国际能源署的定义，战略石油储备是指"某国政府、民间机构或石油企业保有的全部原油和主要的库存总和，包括管线和中转站中的存量"❶，全球大多数发达国家都把石油储备作为一项重要战略加以实施。对石油进口国而言，战略石油储备是为应对短期石油供应短缺而设置的头道防线，其主要经济作用是通过向市场释放储备油保障供应、降低风险、稳定价格，减轻石油供应短缺对国家整体经济冲击的程度。❷ 建立石油储备最早的国家是法国，受一战的影响政府意识到战略石油储备的意义，1923年法国政府要求石油运营商必须保持足够的石油储备，并于 1925 年推出了《石油法》，建立了最早的企业石油储备制度。而世界范围内的战略石油储备体系普遍性重视起源于 20 世纪 70 年代的第一次石油危机，油价的上涨引发了西方经济和社会的大动荡。在历经了第二次石油危机后，战略石油储备已经在各国安全观念中得以巩固。

自 1993 年成为原油净进口国后，中国逐渐认识到建立石油储备的重要性。1996 年，八届全国人大四次会议批准的《中华人民共和国国民经济和社会发展"九五"计划和 2010 年远景目标纲要》中，正式提出"要加强石油储备"。2001 年，"十五"计划纲要明确提出"建立国家石油战略储备，维护国家能源安全"。2003 年，时任中共中央总书记胡锦涛在中央经

---

❶ 张栋杰. 中国战略石油储备研究［D］. 武汉：武汉大学，2014：06.
❷ 冯俊. 中华人民共和国国情词典［M］. 北京：中国人民大学出版社，2011.

济工作会议上指出："我国石油安全形势不容乐观，必须从战略全局的高度，加快建立国家石油战略储备。"2004 年，国家发展改革委召开了国家石油储备一期项目建设启动会，确定先建设四个国家石油储备基地建设，分别是镇海、舟山、黄岛、大连。至 2017 年年中，中国共建成 9 个国家石油储备基地（舟山、舟山扩建、兰州、天津、镇海、大连、黄岛、独山子、黄岛），加上部分社会企业库容，总储备库容可达 3773 万吨。❶ 当前，中国油气储备建设依然存在一些问题，也是未来改善的方向。

一是中国石油战略储备总体规模仍然偏低，提升能源储备能力是主要方面。根据国际石油储备的标准，石油存储需要达到 90 天左右才是安全的，达到这个标准以上的国家并不占大多数。中国作为全世界第一的石油消费国、最大的石油进口国，却是人均资源占有较少的国家之一，石油战略储备对于中国来说意义重大，关乎能源安全。"十二五"规划纲要提出，"合理规划建设能源储备设施，完善石油储备体系"。经过"十二五""十三五"的建设，国家石油储备能力大幅提升。2020 年以来，国家利用低油价窗口期，大幅增加石油进口。据统计，2020 年一季度，中国进口原油 1.3 亿吨，同比大增 5%。其中，仅 1 – 2 月我国就进口了 8608.8 万吨。❷ 这背后主要是全球经济下滑导致需求侧缩减，造成低油价。我国商业和战略原油储备量可否一直保持在一个安全目标和发达国家实际石油储备能力保持在同样的竞争水平，是一个长期性命题。我国的原油储备主要分为国家战略储备和商业储备两种。为了促进民营油企参与国储油建设，中国推出了"利用社会库容存储国储油资格招标项目"等措施，但民营的商业油储备体系虽有发展但有效利用并不乐观，实际利用率不高，出租库参与石油储备并未达到预期效果。现在中国主要靠低油价时期大量的进口和多元化供应渠道化解能源压力，如果仅仅依赖现有的能源储备机制和规模，不能完全化解供应中断带来的安全风险。数据统计，2014 年油价暴跌以来，

---

❶ 国家统计局. 国家石油储备建设取得重要进展［EB/OL］.（2017 – 12 – 29）［2021 – 05 – 27］. http：//www. stats. gov. cn/tjsj/zxfb/201712/t20171229_1568313. html.

❷ 国家统计局. 2020 年 4 月份能源生产情况［EB/OL］.（2020 – 05 – 15）［2021 – 05 – 27］. http：//www. stats. gov. cn/tjsj/zxfb/202005/t20200515_1745632. html.

中国的原油进口量保持持续增长，其战略和商业储备从 2014 年约 2 亿桶增长到 2019 年的 9 亿桶。2020 年受新冠肺炎疫情影响，世界经济低迷，全球石油价格走低，中国石油进口和储存能力提升遇到一个战略机遇期。但问题在于，中国石油库容能力已经到上线，储备能力受限。有关智库研究表明，从 2020 年 3 月到 2020 年年底，中国每天最多可以增加仅 30 万桶的原油储备，这一加注速度还不及过去两年水平的一半，因此对油价的支撑力度小于以往。❶ 在未来，需要持续性加大石油储备能力建设，强化国内石油储备基础设施建设，调动社会力量参与，布局从国家、区域到企业多层级应急储备机制等。

二是需要加快建立天然气国家储备，未来可根据国情确立储气规模、强化技术提升。天然气储备规模与一个国家的天然气消费量、对外依赖程度有关，也与储气库建设条件有关。中国天然气消费逐渐攀升，天然气对外依存度已经达到 45%。由于储气设施建设落后于需求增长，国家储气能力。企业现有调峰规模仍不足国内天然气消费量的 5%，远低于欧美 15% ~ 20% 的水平，抵御供给中断风险能力严重不足。❷ 2020 年国家发展改革委、财政部、自然资源部、住房和城乡建设部（以下简称"住建部"）、能源局等 5 部门联合印发的《关于加快推进天然气储备能力建设的实施意见》指出，优化储气设施规划建设布局，建立健全储气设施运营模式，推行独立运营，完善价格机制等投资回报渠道。未来加强储气库选址勘测，兼顾周边油气运输通道对接，促进"形成以西部天然气战略储备为主、中部天然气调峰枢纽、东部消费市场区域调峰中心的储气库调峰大格局"❸ 的形成。可以借鉴发达国家在这方面的经验，美国、俄罗斯、英国在天然气产业发展初期就着手建设储气库。美国天然气消费量高，相应地天然气储备规模也大，主要依靠的是商业储备，美国对天然气储备采取地下储气库储备和

---

❶ 2020 年中国原油储量将达到 11.5 亿桶［EB/OL］.（2020 – 03 – 26）［2021 – 06 – 07］. https：//m. sohu. com/a/383368735_797598? ivk_sa = 1024320u.

❷ 葛连昆. 保障国家能源安全迫切需要提升油气储备能力［N］. 中国能源报，2020 – 07 – 06（4）.

❸ 朱敏. 发达国家天然气储气调峰经验及对我国的启示［N］. 中国经济时报，2018 – 05 – 18（5）.

LNG（liquefied natural gas，液化天然气）储备两种方式，地下储气库主要包括枯竭油气田、含水层、盐穴三种类型，其中枯竭油气田储气库占85%。俄罗斯的储存方式以枯竭油气田和含水层为主，近年来又加强了地下盐穴储气库的研究。据报道，俄罗斯计划2030年储气库规模达1100亿立方米，国家储气库设施的管理运营主体是俄罗斯天然气工业公司，从天然气长远发展考虑，提出了"战略气田"概念，遴选了32个"战略性"气田；英国1979年开始建设地下储气库，分为枯竭油气田储气库、盐穴储气库和LNG储气库，运营管理主要是由国家出台政策法规，公司负责具体运作；而日本在法制方面对此进行了立法，颁布《天然气储备法》，明确天然气储备由国家和民间企业分别承担30天和50天的储备量等。❶ 需要加快中国储气调峰设施建设，挖掘现有的正在生产的油气田以及废弃矿坑井，在完成封堵技术要求达标后，实现低成本快速建库，以及发掘民营实体在天然气储备中的作用等。

三是需要建立稳定的资金保障机制，解决储备资金投入不足问题。油气储备是一项重要的财政负担，中国的石油储备基金主要通过贷款和政府财政，而国外这方面已经充分考虑运营和民间资本在其中的角色了，如美国出租转让尚未充分利用的储备设施等；开辟战略石油储备基地外贸分区，为其他石油生产国和消费国提供石油储备服务；利用战略石油储备基地的过剩能力为商业储备提供有偿的储存空间，等等。一些国家的经验是，日本的国家石油储备基地的资本金由石油公团出资70%，另外30%由民间石油公司出资；德国的储备由储备联盟进行管理，石油储备的费用来自银行贷款和会员交纳的会费，政府不提供补助。❷ 我国可以研究设立专门储备基金，吸纳民间资本参与，减轻国家财政压力，实现中国2030年碳达峰，鼓励新能源开发和大规模利用，在碳达峰后开发商业储备和油气储备转换的可行性。总之，完善油气储备制度建设需要从长远布局，同时考虑"一带一路"沿线国家的储备能力和需求市场，从而实现国家与企业储

---

❶ 国家石油储备中心. 国外天然气储备概况及经验启示 [EB/OL]. (2012 - 02 - 10) [2021 - 05 - 27]. http：//www. nea. gov. cn/2012 - 02/10/c_131402516. htm.

❷ 金三林，米建国. 我国石油储备的资金保障与成本控制 [J]. 天然气技术, 2007 (6)：1 - 2.

备相结合、储备与生产并举、效益和保障兼顾的油气储备体系。

三、强化海外运输重点环节

伴随能源战略通道的建设，以往的运输线中东线（阿拉伯海—霍尔木兹海峡—马六甲海峡—抵达中国）、北非线（苏伊士运河—红海—阿拉伯海—霍尔木兹海峡—马六甲海峡—抵达中国）、西非线（好望角—印度洋—马六甲海峡—抵达中国）的后半程会被瓜达尔港、中缅油气管道的陆上运输所代替，海上运输线逐渐会从单一型海运模式变为海陆复合型模式。海陆复合型运输模式需要强化海陆运输安全"两手抓"，其中，海上主要是关键港口建设，陆上主要体现在与能源过境国开展能源通道建设。

（一）强化海外重要港口建设

中国能源来源分布广泛，有俄罗斯、中东地区、非洲地区、亚洲地区、南美洲地区以及少数的美洲和欧洲国家，海上运输依旧是未来很长一段时期中国石油进口主要渠道，而港口是海运这个物流链的支点，对"一带一路"油气利益维护有至关重要的作用，重要港口对国际贸易、全球国际化进程都起到塑造作用。全球30多个国际化大都市的绝大多数因港口而国际化，全球排名前十的大都市基本上都是港口城市。

中国海外投资的迅速增长，需要全球范围的经济支撑点，海外港口建设既能提升海上运输安全，分散危险因素，也是"一带一路"能源输送的支撑点。港口对缓解中国能源压力、带动能源产业链发展起到了重要作用，港口建设不仅能破解马六甲困局，也能够影响全球能源运输格局。中国是全球最大的石油进口国，对外依存超过70%，一半以上来自西亚和非洲，每年经过马六甲海峡的货船达到10万多艘次，而60%以上目的地是中国，因此如马六甲海峡被封锁，将会对能源安全产生极大威胁。海上港口对于海洋运输安全发挥着重要意义，不可否认的是，如果没有海上重要港口作为支点，分散风险，那么长距离运输的风险将造成很高的维护成本。加强与港口城市能源合作，参与海外港口项目建设，开辟海上贸易通道安全合作和重点建设方案，以提升海外安全维护的相互接济能力。在历史上，大国崛起建设港口的方式是建立在殖民体系上的，15 到 16 世纪，地理大发现促进了欧洲国家的海洋探险，葡萄牙、西班牙、荷兰、英国分别建立了海上霸权；20 世纪美国通过军事基地建设巩固对港口的掌控能力。从国家发展来看，港口建设是高度重视海洋战略、提升海运竞争力、承载国家经济发展和安全重任的强国必由之路。普遍上，海运强国战略的制定基于国情、经济和技术水平不同而存在差异，中国身为最大发展中国家，也是倡导和维护世界和平的大国，不会走西方国家霸权的老路。在中东和北非地区，海盗活动猖獗，受当地的政治、宗教、经济形势的变化，地区局势加剧，海上能源运输风险不容小觑。

"一带一路"促进了中国参与海外港口建设进程，港口合作逐渐成为共建"一带一路"的一种重要形式。目前，在港口建设上，从港口建设数量到项目投资上，已经积累了一定规模：在码头和港口建设上，截至 2019 年，中国海外合作建设的港口码头达 58 个，分布在全球 38 个国家，特别是"一带一路"倡议提出以来，中国参与合作建设的港口数量增长较快，由 2012 年的 9 个增加到 2019 年的 58 个。[1] 在相关项目上，1979—2019 年，中国投资或者承建了海外港口项目 101 个，中国参与港口项目合作主要形式是援建港口、投资或者承建港口项目、收购港口项目、获取港口经营权等，其中以承建港口项目为主要方式。在港口项目投资上，中国投资排名靠前的港口多为大型综合发展的港口项目，靠后的是单一类港口项目。[2] 参与海外港口建设的国内公司，以中国远洋海运集团旗下的中远海运港口和招商局集团旗下的招商局港口为主要代表。

未来，需要不断完善海外港口网络布局，不断推动基础设施互联互通。在能源方面，需要高度重视"海上丝绸之路"关键港口的油气设施建设，持续加强能源海陆物流网络，使陆上运输、港口节点、海上运输的无

---

[1] 刘长俭. 完善海外港口网络，推动共建"一带一路" [J]. 科技导报，2020，38（9）：89 - 96.

[2] 李祜梅，邬明权，牛铮，等. 中国在海外建设的港口项目数据分析 [J]. 全球变化数据学报（中英文），2019，3（3）：234 - 243，344 - 353.

缝衔接，要做到以下两点。

一是强化海外港口对内辐射的联动。完善海内外联通能力，提升海外港口到中国沿海港口的航线能源布置，加大与中国沿海港口的紧密衔接，强化通过港口向中国内陆延伸至重点企业和重点消费区域的能力。构建"门到门"的全球能源物流服务体系建设，扩展能源安全类议题合作，如海事安全、信息发布、救捞、联合反恐等方面的港口之间合作机制，从而提升油气产业运行效率、降低成本、实现便捷化管理和规范风险应对。另外，海外港口在强化中国能源安全护航、打击海盗的保障工作方面有突出的作用，中国海军护航行动目前进入有序接替、常态化运行的新阶段，港口对补充燃油、淡水以及各种果蔬食品，并有序组织官兵轮流上岸休整都有积极的意义。

二是强化海外港口之间和海陆复合运输能力。选择重点港口的承载能力和安全建设，如瓜达尔港、皎漂港、吉布提港等。2016 年 11 月位于巴基斯坦的由中国企业管理的瓜达尔港正式开航，成为中国向印度洋的一个出口，非洲和中东的石油通过瓜达尔港，从陆上经中巴经济走廊进入中国新疆，可以达到绕开马六甲海峡缩短航程85%的效果，并且还能直接对接新疆、甘肃的老油气田炼油加工厂，直接带动西部以石油炼化加工为主的石油工业发展。中缅皎漂港是中国破解能源运输风险的又一个重要工程，从皎漂港到昆明大约 1500 千米，比从瓜达尔港到中国新疆近了一半的距离。2015 年起，从皎漂港通往中国的油气管道已投入运行。依据港口"以点带面"构建重点能源区域网络化建设，选择南亚、中东、非洲作为中国能源海外港口网络布局的重点区域，进一步加大与巴基斯坦、缅甸、斯里兰卡、吉布提、希腊等国家合作力度。

要持续增强能源效益对港口经济的带动能力。中国海外港口合作模式一个比较成熟的经验是以港口建设带动产业园区开发。倡导以港口建设为契机，把"一带一路"企业"走出去"和能源安全、清洁能源合作等纳入港口产业开发中，这对实现沿线国家能源结构转型也有促进作用。DNV GL 集团在其研究报告《港口：通往欧洲的绿色门户——港口成为脱碳中心的十次转型》中指出，港口可以为政府和行业的减排目标提供蓝图，并在全球脱碳进程中发挥重要作用；预计 2050 年，港口的总发电量将增长 10 倍以上，其中可再生能源发电占比超 70%，远超当前 5% 的占比。❶ 未来，中国需要优化现有港口布局，推动港口项目的实质性运营和效益产出，挖掘产业园区建设潜力和深层能源项目合作，助推能源产业走出去和"一带一路"国际产能合作。

（二）强化与能源过境国通道建设合作

中国自 2005 年开始推行"多元化"战略，与中亚地区和东南亚 GMS 地区开展了区域能源合作，特别是在过境运输管道项目的建设上发展迅速，目前中国已经形成的油气战略通道，除了海上通道外，其余都在陆上，分别是西北通道、东北通道、西南通道。西北通道是中哈石油管道；西南通道指中缅油气管道，采用油、气双线并行模式，经缅中边境地区输入中国；北部的管道是中俄石油管道，从俄罗斯到达中国大庆。多元化能源进口通道提升了能源安全整体能力，一定程度上缓解了对海上单一运输线的依赖。油气战略通道建设涉及的国家有缅甸、俄罗斯、乌兹别克斯坦、哈萨克斯坦等国，随着十多年对管道建设的重视，能源运输领域的合作和能源安全问题越来越集中在可靠和稳定的能源过境运输上。

目前，中国石油对外依赖程度依旧在增加，在 2030 年碳达峰前，能源消费仍以石油天然气为主，因此过境运输的油气数量必然还会增加。而相应的管道管理、权利界限、社会问题、环境问题等也会相应出现，"特别是当能源管道运输所有权和管理权由多方掌控时，很容易因利益分歧和权力纠纷而中断，也容易被过境运输国牵制，影响整个国家的能源安全"。❷

在全球范围内，过境运输的安全保障是合作的重点，中国在和能源过境国的合作中，有关周边跨界油气管道在政府间过境的法规尚比较缺乏。为保障国际过境运输线路的畅通性和可靠性，中国必须构建相关问题上的

---

❶ 徐亦宁. 港口或将成为能源转型领跑者 ［EB/OL］. （2020－07－04）［2021－05－27］. http：//www. zgsyb. com/news. html？aid＝560143.

❷ 赛比耶－洛佩兹. 石油地缘政治 ［M］. 潘革平，译. 北京：社会科学文献出版社，2008：56.

双边、多边合作的法律协定，需要强化与周边过境国家建立过境运输法律保障体系。过境运输路线在项目合作及在能源谈判中易出现的争议包括："1. 技术原因引发的争议；2. 商务经济纠纷产生的问题；3. 过境运输的生态环境破坏引发的问题；4. 政治原因造成的管道运输的人为中断的威胁；5. 过境运输领域市场经济原则的实施问题；6. 对现有运输基础设施进行改造和建设新设施所需要的投资问题等。"❶ 中国可积极从国际能源组织的多边框架中吸取经验。《能源宪章过境运输议定书》对规范过境能源的问题协商以及确保能源过境安全起到了示范作用，可视为推进周边跨境运输法律体系建设的依据和重要参照。我国在遵循《能源宪章条约》的同时，建设相关能源法律制度及与其兼容性，加快推动"一带一路"能源运输和过境相关法律法规等规范性文件出台。

与能源过境国的合作，需要纳入区域能源治理中。以东亚地区为例，增长最快的能源消费群体盘踞于此，整体区域消费量占全球比重最大，以中亚、俄罗斯为输出国，以中日韩为消费国，形成了中亚—俄罗斯—中日韩的运输网络。中国的角色，在东亚的运输网络中既是能源运输目的国也是能源运输过境国。中国要发挥跨境运输上的协调作用，需先发展完备的中国主导的能源运输线网，在"一带一路"倡议下，推动地区能源合作更加紧密和能源命运共同体共识更加深入，与沿线国家尤其是周边高消费的东亚地区完善能源运输网络布局，从基础设施建设到管理、合作机制等，纳入"一带一路"东亚地区能源构建整体框架中，并且在法律框架下构建能源保障体系。

另外，积极推进管道安全风险预防工作，加快管道应急维修政府间合作机制等多国安全保障机制。在人员签证、设备入境、现场指挥控制、人员安保等方面制定预案，开展跨国管道应急维修演练。中缅、中俄油气管道相关机制的构建，形成示范效应，受技术和自然地理因素影响，油气管道使用后要经历"磨合—稳定运行—老化"三个阶段，所以，在油气管道

---

❶ 杨小林. 能源过境运输的国际法思考——以《能源宪章条约》为主的分析 [D]. 武汉：华中科技大学，2008：5-6.

重大技术故障应急保障方面，需要加快建立与过境国的政府间合作机制。在安全预防性工作方面，平衡好能源过境国生态问题、社会经济、能源需求、自身发展等各种利益诉求，避免能源过境运输过程中各方利益损害；大力支持资源国、过境国标志性民生项目建设；利用上合组织反恐机制，与过境国加强协调并开展重要油气运输基础设施的预防性安全演习和安保演练；也可以通过其他形式的合作，如电力、光伏、风能等多元化能源合作，强化合作共识，从而改善油气管道运营的经济环境、增强互信。

除此之外，可以实施管道"走出去"战略，发挥中国基础设施建设优势，对外输出我国管道基建产能，抢占海外油气管线建设市场，扩大能源基建领域中国影响力。

四、推动油气全产业链发展

当下，油气产业国际合作，逐渐从勘探开发上游产业，向炼化工业、工程技术服务等中下游产业拓展。未来石油产业向中下游的延伸将成为与"一带一路"沿线国家合作的重点。中国需要挖掘油气上游、中游和下游板块的投资机会，与沿线国家共同推进"一带一路"油气项目的全产业链投资。

加强油气投资和并购，尤其是加强与优质油气田项目的合作，在海外油气资源并购市场获取优质资源，依然是保障国内能源安全的重要手段之一。以中国石油为例，截至2019年，中石油在34个国家运营管理92个油气合作项目，已经呈现上中下游协同发展的格局，但在油气投资分析领域，尤其是油价预测研究和风险评估方面仍需加强。2020年油价波动，油气储备能力限制了中国利用国际低油价窗口期扩大进口增加战略石油储备的能力。究其原因，缺乏对上游油气市场相关的风险研判和模型预测。同时，中国需要加大对上游优质资源的投资和合作力度，特别是对中亚地区哈萨克斯坦、中东地区伊朗等的油气产业合作。

要以上游油气项目为依托，重点规划建设契合中国与合作国油气发展的炼油厂和产业园区，同时提升绿色炼化产能要求。《中国油气产业发展分析与展望报告蓝皮书（2019—2020）》显示，2019 年国内炼油能力重回增长轨道，产能结构性优化调整加速，全产业链开放迈入新阶段，原油加工量同比增长 7.6%，达到 6.52 亿吨；成品油产量（汽油、柴油、煤油合计）同比增长 0.2%，达到 3.6 亿吨。❶ 以中国—沙特合作项目延布炼厂为例，其先进的工艺、稳定的运行、显著的效应为中阿能源合作提供了良好的示范。中国在推进与中东、南亚、东南亚地区的化工产业合作过程中，要注意兼顾产油国经济优化升级、能源产业升级的发展诉求，充分考虑部分国家和地区加强下游产业发展的迫切需要，带动产业结构转型升级，为其增加非石油收入、创造就业岗位，同时实现互利共赢的合作目标，把技术工艺、安全效益示范作用呈现出来，打造"中国名片"。延伸油气合作产业链，加强优势产能结合，积极推进炼油、石油化工、天然气化工及精细化工合作，重点合作建设一批具有国际先进水平的油气化工产业园区。

加快相关工程建设、工程技术服务"走出去"步伐。突出"软性"服务支持力度，如持续深化装备制造出口的"制造＋服务"模式、强化金融支持力度、加大研发投入和创新技术合作，深化合作层次等。截至 2019 年，中国石油海外工程服务业务年均新签合同额超过 100 亿美元，共有 1356 支服务队伍在 77 个国家和地区开展业务，工程技术服务业务海外收入和利润持续增长。❷ 未来，持续性推进与沿线重点国家的技术装备合作，借助中国能源技术装备智能化优势，加强智能化技术在能源产业中的深入应用，拓宽与合作国新的产业发展空间，立足中国的钻井总承包、高端石油装备制造能力的基础，推行油气开发总承包力度和助推优势技术落地的能力，以及对合作国提供低成本、高效率的开发模式和方案的研究能力。积极推进油气贸易人民币结算，以及相应的金融风险机制出台。目前，中国人民银行与沿线国家的央行或货币当局一直推进签署双边本币互换协议。然而，沿线国家的金融风险，包括汇率波动、违约等不容忽视。在全

---

❶ 中国石油企业协会发布《中国油气产业发展分析与展望报告蓝皮书（2019—2020）》[J]. 中国石油企业，2020（4）：25-26.

❷ 陆如泉，孙秀娟，张景瑜. 中国石油国际合作瞄准世界一流高质量发展［N］. 中国石油报，2019-07-30（5）.

球新冠肺炎疫情影响下，境外项目的落地能力阻力偏大，需要充分考虑境外突发事件影响等因素。加快推动中国石油工程技术服务企业"走出去"规模和影响力，尤其是针对民企，出台相应激励措施和帮扶政策，等等。

加快油气产业示范区建设，推动中国能源产业发展布局和技术服务带动下的地区产业升级。通过强化中国和上海合作组织、澜沧江—湄公河合作等子框架能源互联网建设，打造产业示范效应，集中性解决存在的一些问题。根据清洁能源开发和利用需求，立足产业结构、要素禀赋互补，打造中国劳动密集型产品和科技创新型产品，挖掘与俄罗斯、哈萨克斯坦等国的资源密集型产品的贸易空间。推进人民币区域化布局和能源金融产品创新，发挥亚洲投资银行和国家开发银行对促进亚洲区域的建设互联互通化和经济一体化的重要作用。扩大既有区域内金融机构对区域的带动作用，以区域合作为示范，例如扩大上海合作组织银行联合体的承载作用等，大力推进为能源合作提供的联合贷款以及项目贷款，增加以人民币为结算方式的能源项目数量增加、扩大外汇储备的品种、创新金融服务模式，加快区域内重大基础设施建设、产能合作、金融机构的授信合作等。

第二节　深化扩展能源合作框架内涵和外延

一、培育能源子框架协同发展和示范效应

中国与周边国家建立的一些起步较早的框架，在一些领域已经取得了独特的优势，也是共商共建"一带一路"的重要平台，在能源领域，可以通过强化"一带一路"能源子框架合作，协同发展，打造示范效应。

（一）打造上海合作组织能源安全合作示范效能

上海合作组织可以提供油气全产业链合作的示范意义，并借助比较成

熟的沟通机制和安全方面的合作共识，发挥示范作用。

一方面，上海合作组织和"一带一路"都是中国首先倡议发起的，两个框架在安全、能源合作、金融、人文等方面高度相关，并且能源合作有务实的基础。上海合作组织与"一带一路"倡议的发展理念相契合，秉承"上海精神"即"互信、互利、平等、协商、尊重多样文明、谋求共同发展"。它是 2001 年在"上海五国机制"的基础上发展而来的，在地区安全形势上成员国取得了较多的共识，除了安全和反恐合作外，包括能源在内的区域经济合作逐渐升温，形成了一系列共识，包括首脑会晤机制、总理会晤机制、经贸部长会晤机制、经贸高官会议等机制，可以打造成为中国推动"一带一路"能源伙伴关系建设的协调和示范平台。上海合作组织具备了能源合作的广泛基础，签署了如《上海合作组织成员国多边经贸合作纲要》《2012—2016 年上海合作组织进一步推动项目合作的措施清单》《上海合作组织至 2025 年发展战略》《2017—2021 年进一步推动项目合作的措施清单》《上海合作组织成员国政府间国际道路运输便利化协定》等系列文件。各国首脑一致认为，油气开发合作和油气管道建设合作对加强上海合作组织的凝聚力和影响力至关重要，有必要建立有效的协调机制。早在 2004 年，在上海合作组织政府首脑比什凯克会议上，俄罗斯提出了在上海合作组织框架内建立能源生产国和需求国的"能源俱乐部"的提议，并且提倡建立统一的石油、天然气等能源运输系统；2006 年上合峰会上，俄罗斯提倡的在该组织框架内联合能源生产国、消费国和过境运输国机制的建议，得到了中国的积极响应，随后"能源俱乐部"的倡议得到了中国的正式支持，上海合作组织能源工作组也正式成立；在 2007 年比什凯克峰会上，能源安全成为主要议题，并且通过了包括能源在内的 11 个领域的《关于〈上合组织成员国多边经贸合作纲要〉落实措施计划》。多边能源合作逐步被上海合作组织成员国视为务实合作优先发展的项目，上海合作组织成员国积极参与"一带一路"能源合作伙伴关系建设，已经拥有了比较成熟的沟通机制和能源合作共识。

另一方面，中亚地区资源禀赋突出，是中国国际油气输送的重点来源区域。上海合作组织成员国资源禀赋互补性大、地缘优势明显。中亚，南邻中东、北接俄罗斯伏尔加—乌拉尔油气区和西伯利亚油气区，石油储量丰富，是具备巨大油气潜力的油气出口区之一。俄罗斯、哈萨克斯坦、伊朗油气储量丰富，而中国、印度是能源消费大国。乌兹别克斯坦的能源优势则在于天然气，开采量在独联体国家内仅次于俄罗斯，排名第二。中俄原油管道，每年向中国供应 1500 万吨原油，合同期 20 年；中国—中亚天然气管道，是中国首条从陆路引进的天然气跨国能源通道，建成投产以来，从中亚向中国输送的天然气占同期中国总消费量的 15% 以上。中哈原油管道 2019 年向我国输送原油 1088. 27 万吨，累计输送原油超 1.3 亿吨。❶中国巨大的需求为上海合作组织框架下开展优势互补的能源合作提供了基础。

（二）挖掘澜沧江—湄公河合作框架对"一带一路"能源合作典范效应

通过多年努力，澜沧江—湄公河合作框架（澜沧江—湄公河命运共同体）已经逐渐成为"一带一路"次区域合作示范区域。在"一带一路"框架下深化能源合作，已经形成一定的能源问题解决机制和示范效应。中南半岛五国之间存在复杂的外交关系，围绕水资源的争端时有爆发，同时还受域外国家的影响，也存在大量的非营利组织、金融机构的利益等。正是因为环境的复杂性，可以通过解决有争端的能源、气候、水资源等问题，尝试性建立"一带一路"能源合作问题争端解决示范机制。中国在该地区的影响力和接纳程度具有一定基础，虽然也出现过非营利组织干预水电项目建设的案例，但整体在能源合作、水电基础设施、水资源谈判协商等方面，已经形成了大量的工作和取得了一定的经验积累。

立足澜沧江—湄公河合作已有成就，持续性输出清洁能源优质产能。中国在双边经贸上，是柬埔寨、泰国和越南的第一大贸易伙伴国，是老挝与缅甸的第二大贸易伙伴国，并且在能源上，已经在几个领域取得示范效

---

❶ 2019 年中哈原油管道向国内输送原油超 1088 万吨 [EB/OL]. （2020 - 01 - 09）［2021 - 05 - 27］. http：//www. xinhuanet. com/2020 - 01/09/c_1125441977. htm.

应。例如，中国和老挝进行水电合作，投资了多座水电站和输电项目，在缅甸建立了中缅油气管道等。2019年澜沧江—湄公河合作专项基金首个核能合作项目"澜沧江—湄公河国家核能青年培训项目"举行，双边在核电基本理论、核能公众宣传、新兴国家核电发展、核技术应用、核医疗等方面进行培训和知识普及，会强化合作共识，形成中南半岛的核电产业规模。清洁能源领域的产业合作在核能培训方面，已经走在了次区域示范的前列。

打造区域共商、协调机制，针对非传统安全、人民币结算、资源开发舆论战等形成一定的解决机制。借助地缘位置，双边在澜沧江—湄公河框架下，尤其是在非传统安全方面如自然环境保护、跨国犯罪、恐怖主义、难民问题等，纳入能源框架下形成一定的问题应对机制。基于多年的水资源、气候和能源问题的合作，能源问题具有一定的共识基础，同时，相比东盟，澜沧江—湄公河合作框架下成员国数量恰好、地区文化和宗教共融性较强、多数成员国对华友善，容易形成一定的协调能力并付诸实践，避免成员数量太多导致无效协商。

总之，推动人民币国际化进程，以区域带动产业合作，发挥中国创始国身分优势，把能源基础设施网络建设和全产业链需求结合等，在区域合作框架下，易达成提供总体框架的能源合作示范效应，也对中国借助能源议题提升区域话语权有积极的意义。

二、深化与消费大国合作和凝聚地区共识

受能源有限和分布不均特点影响，能源进口国之间在应对能源价格冲击下是无法独善其身的，这种情况下，重视与新兴能源消费大国合作，深化合作共识，促进与新兴能源消费大国在联合资源开发、改善能源结构、提高能源效率、稳定能源市场价格、政策协调和信息互通方面，更容易赢得共同立场，有利于地区和消费大国整体在国际能源市场争取话语权。

（一）挖掘中国和印度能源合作空间

印度同样是全球崛起中的能源消费大国，国内的能源资源比较匮乏，能源需求量大，石油对外依存度在80%以上。预计到2030年，印度所需石油和天然气的90%将从国外进口。国际能源署认为"2005—2030年间世界60%以上的碳排放量增长将来自中印两国。据中国海关总署统计，2019年中国和印度的贸易总值是6395.2亿元人民币，同比增长1.6%。中印应该挖掘合作共识，拓宽消费大国在常规能源、清洁能源方面的合作共识。

第一，汲取历史教训，深化能源外交，加快合作沟通，快速推进建立合作意愿。作为两大能源消费国，中印双方都重视拓展海外能源市场，两国的石油企业在海外竞标过程中也一度陷入激烈竞争。2004年中印两国竞买安哥拉油田股份，最终中国以较高的交易成本获得；2005年中石油并购哈萨克斯坦的第三大石油生产商，最后胜出但同样成本增大。中印联合竞购有利于降低成本和风险。2005年，中印两国石油公司成功进行了第一次合作，以5.73亿美元的价格联手收购了加拿大石油公司在叙利亚的石油资产股份；2006年中印再度联手成功竞购了Omimex de Colombia石油公司的股份。中印在能源合作上逐渐深化共识：2005年中印两国发表了《中华人民共和国与印度共和国联合声明》，鼓励两国有关部门在第三国协作勘探和开采石油；2006年在中国的倡议下，中国、印度、日本、韩国、美国能源部长会议发表了《中国、印度、日本、韩国、美国五国能源部长联合声明》，中印强化了在维护亚洲市场稳定、加强能源安全上双方是合作者而非竞争者的关系；2006年中印签订了《加强石油与天然气合作备忘录》，就避免恶性竞争、加强能源合作达成了多项共识；2008年印度总理辛格访华，中印表示将共同努力，促进全球能源结构的多元化，提高清洁和可再生能源比例，促进中印开展民用核能领域的双边合作等；2019年在第六次中印战略经济对话中，双方对可再生能源、清洁煤技术、智能电网、新能源并网、智能电表、电动汽车及基础设施和储能合作等议题进行深入交流。中印之间的能源合作进展缓慢，主要原因就在于双方由于历史原因导致政治互信程度低，但是双方都具有能源国际合作的现实诉求，中国具备技术和资金实力方面的优势，印度支持跨区域的联通项目，也参与跨中亚的南北走廊和高速公路项目。中印在区域基础设施、清洁能源合作、改善能源结构等方面有极大合作的空间，因此需要强化沟通和交流，不断增强政治互信。

第二，深化海外联合竞购的合作空间，立足清洁能源发展共同诉求和产业优势互补，争取建立长期的能源合作机制。在海外竞投方面，汲取恶性竞争的历史教训，创新海外联合竞购和相互投资参股等合作形式，深化海外油气合作。在新能源领域，中印是世界上两大清洁能源投资的新兴市场，可以成为未来主要合作领域。推动中印在节能环保、新能源开发等领域的项目开发合作，在光伏、水电、储能、新能源汽车等领域，中国具备成熟的太阳能利用技术，在新能源汽车技术上中国也已经走在亚太前列，而印度有丰富的太阳能资源，在提升煤炭、火力发电等传统能源利用效率和能源转型方面，有同样的困境和发展诉求。"印度制造"和"数字印度"引领新的产业崛起，中印可以形成优势互补的能源合作局面。

作为能源消费大国和政治、经济具有地区和世界影响力的大国，中国和印度都面临着能源难题和挑战。两国在能源议题上基本诉求方向一致，在气候谈判、清洁能源利用、节能减排等方面，以及在合作竞购中应优化海外油气资源战略布局，尽可能避免利益重叠带来的恶性竞争。能源合作符合两国经济和社会发展转型需求，可以促进政治互信。目前，中印两国的能源合作是针对具体领域、较为零散的能源合作项目，缺乏深度合作共识，或者有效规范的海外能源竞争和合作机制。不可否认的是，这需要建立在政治互信和能源命运共同体共识基础上。

（二）深化东北亚区域能源利益共识

东北亚地区主要包括中国华北和东北地区、蒙古国、俄罗斯东部地区、朝鲜、韩国和日本，此地区聚集了世界上的化石能源生产大国俄罗斯，以及中日韩三大能源消费国。东北亚的能源类型，主要是以天然气为主，存储在俄罗斯东部及中国华北和东北地区，"大型和巨型油田分布在俄罗斯的东西伯利亚盆地；陆上勘探前景区集中在成熟区的深层系及蒙古国东部新区；海上勘潜区集中在渤海湾近海、北萨哈林深水区及西西伯利亚盆地海域"。❶ 东北亚地区的能源消费是增速最快的地区，中日韩三国对油气进口依赖度很高，三国的石油消费占地区的70%。2019年年底，中国石油探明储量为36亿吨❷，而日本和韩国油气资源匮乏，几乎全部依赖进口，俄罗斯是地区重要的天然气供应国。东北亚能源合作的基本目标是保证地区能源供应安全。特朗普上台后，美国加大了对中国和俄罗斯产业和贸易的限制，页岩革命后美国开始出口油气，挤占部分俄罗斯的市场，"俄气东输"既能满足俄东部地区天然气需求，也有助于扩大天然气资源的出口，使经济保持稳定增长。正是依赖管道输送，俄罗斯对亚洲市场的能源出口在2020年以来基本上没受到影响。对中日韩三国而言，东北亚能源合作机制有较强的互补性和地区能源安全共识，能起到稳定油气供应、减少"亚洲溢价"的冲击、依靠地缘优势节省运输成本以稳固能源安全等作用。

第一，加强东北亚能源运输管网和基础设施建设合作，扩大贸易，提升区域一体化水平，抵抗"亚洲溢价"。受资源禀赋影响，亚洲地区所消耗的石油大部分依赖进口，其中80%以上从中东地区进口，而中东石油出口给亚洲的石油价格要比欧美高，形成了离岸价格较高的"亚洲溢价"。其本质是国际石油定价规则的不平等，深层次原因是亚洲对中东地区原油的依赖和亚洲能源消费国之间的竞争。中国、韩国、日本排名世界石油进口的前五名，因为进口依存度高，东北亚地区是"亚洲溢价"最直接的受害者，这不仅使东北亚地区大量外汇流失，还拖累了亚洲经济崛起。对策是：一是推动进口多元化，加大东北亚能源贸易合作，降低中东能源依赖性，加大能源贸易在区域一体化进程中的作用。要发挥中国投资和技术优势，加快完善自然条件恶劣的俄远东地区能源基础设施、北极航道基础设施、"冰上丝绸之路"支点港口的建设，紧抓"东北航道—东北亚物流走廊"沿线的贸易枢纽港与矿业合作区建设等契机，共同推进北极地区的油

---

❶ 王春修，贾怀存. 东北亚地区油气资源与勘探开发前景 [J]. 国际石油经济，2011，19 (11)：58.

❷ London England British Petroleum Company. BP statistical review of world energy 2020 [EB/OL]. (2020 – 06 – 17) [2021 – 05 – 26]. https：//www.bp.com/content/dam/bp/business – sites/en/global/corporate/pdfs/energy – economics/statistical – review/bp – stats – review – 2020 – full – report. pdf.

气资源开发和东北亚能源贸易网络实现。二是多方举措，提升东北亚能源议价能力。依托中俄能源商务论坛和"一带一路"能源伙伴关系，构建多边能源合作体系，扩大与中东产油国的对话和交流；加快期货市场影响力建设，注重政府对市场的扶持力度和政策优惠，推动市场化运作，发挥在油气监管和规则方面的权益；加强中日韩能源风险合作、评估市场环境和应急调整、价格复议机制等建设。

第二，推动东北亚能源储备合作。日本、韩国、俄罗斯在石油储备建设方面也积累了先进的技术和完备的管理经验。日本早在 20 世纪 70 年代就开始建立民间石油储备，1975 年日本把石油储备通过法律的形式写入国家战略中，出台了《石油储备法》，建立了正式的石油储备制度，设立了"日本石油公团"支援民间企业储备石油。韩国的石油储备体系也是源于 20 世纪 70 年代石油危机以后。2008 年韩国计划开建"东北亚石油枢纽"，把蔚山和丽水打造成东北亚石油运输和存储中心，两大石油存储枢纽已经分别拥有超过 2300 万桶和 820 万桶的储油能力。俄罗斯在建设和利用储气库方面起步早，技术和经验都比较成熟。根据俄罗斯天然气工业股份有限公司官网发布的数据，截至 2018 年，俄罗斯境内共建成 27 座地下储气库。

在东北亚能源储备合作中，中国可以朝着技术和管理经验的方向开展合作，增强储备信息沟通与分享、政策协调等措施，也可发挥"一带一路"金融优势，把扩建能源储备纳入金融领域，以及尝试商业性能源储备建设。东北亚地区是油气高消费地区，建立东北亚储备合作机制无疑是应对区域性能源供应危机，保障区域能源安全的有效方法。但是，从有限资源合作的本质来看，"区域共同储备需要国家将石油这一重要战略物资交由超国家组织管理，要求成员国牺牲一定自主性，服从具有法律约束力的多边协议"。❶ 东北亚还需要进一步增强互信，提升合作意愿。中国需要进一步发挥消费大国的角色，把握东北亚发展的需求，发挥利益共同体主导的作用。

---

❶ 韩天云 . 东北亚区域能源合作：一种共同战略石油储备的视角［J］. 理论界，2013（7）：166.

三、挖掘新疆域和能源服务保障合作内涵

（一）拓展新疆域能源开发和利用空间

能源新疆域的开拓是未来的一个崭新的领域。陆地和近海大陆架等传统疆域能源开发利用趋于极致，拓展深海、极地、太空等新疆域能源开发和合作空间必然成为趋势。中国近年来在极地探测、航空航天领域一直走在全球的前列，在新疆域能源开发合作方面可供合作的空间很大。

一是深海能源探测和开发合作。陆上以及近海油气资源正面临逐渐减少甚至枯竭的局面，经济技术强国已经把视线投向了深海乃至超深海。海洋油气资源约 1/3 分布在深海和超深海区域，过去以深海开采的石油储量为主要比例。高投入、高技术、高风险、高门槛特点决定了深海能源开发需要基于一定的国家实力，主要发达国家先后制订相关计划，针对深海技术研发与资源获取。迄今，十几个国家制定了相关法律，有美国《深海海底硬矿物资源法》（1980 年）、法国《海底资源勘探和开发法》（1980年）、英国《深海采矿法（临时条款）》（1981 年）、日本《深海海底采矿暂行措施》（1982 年）、苏联《关于调整苏联企业勘探和开发矿物资源的暂行措施的法令》（1982 年）等。我国深海能源开发起步较晚但发展迅速。2015 年起开始组织召开的深海能源大会，目前已成为海洋能源领域开展学术交流、参与行业发展、传播和发挥中国影响力的重要平台。2016 年5 月《中华人民共和国深海海底区域资源勘探开发法》正式实施。在探测技术方面，中国是全球第五个（继美国、法国、俄罗斯、日本之后）掌握大深度载人深潜技术的国家。我国自主设计、研制的作业型深海载人潜水器"蛟龙号"的设计最大下潜深度可达 7000 米级，可在全球 99.8% 的广阔海域中使用，对于开发利用深海的资源有重要的意义。我国深海海域可燃冰资源量约 800 亿吨油当量，具有较好的开采前景，但是在开发工艺和工程技术上存在着巨大挑战，需要尽快完善我国深海能源开发战略，务实推进深海能源开发项目，加强勘查与开采装备体系建设，为自主工程化开

发奠定基础，同时必须高度关注环境影响，实现高效开发与绿色环保的有机统一。❶ 需要在推动自主开发、技术革新的同时，拓展与发达国家的技术合作。

二是极地能源探索利用。极地地区油气资源丰富，极地资源是当下引发大国博弈和地缘争端的一个重要领域。《关于环境保护的南极条约议定书》明确规定任何人不可在南极地区从事开采活动，北极地区则由于区位优势和能源储量逐渐成为能源开发新疆域和大国博弈的新战场。研究表明，北极地区潜在常规天然气达 770 万亿 ~ 2990 万亿立方英尺，液态天然气预计为 390 亿桶，在能量等效的基础上，北极地区潜在的石油储量为天然气的 1/3，总体约有 44 亿 ~ 1570 亿桶潜在石油。❷ 美、俄等北极周边国家围绕北极能源展开一些话语博弈。中国对北极比较重视，但由于属非北极国家，缺乏地缘优势和信息优势，要融入北极治理体系，必须依托北极周边国家。目前，中俄双方就北极问题存在诸多共同利益，通过共建"冰上丝绸之路"等合作事项逐步深化合作。随着全球变暖，北冰洋逐步融化，北极航道必将成为新的能源航线，中国应将能源合作项目作为中俄"冰上丝绸之路"建设的重要抓手。❸ 除此之外，中国应加强极地能源开发技术研究，逐步改变自身在合作中的从属地位，提高主动性，并拓展与其他北极国家合作，在通过极地能源开发实现更大能源自主的同时，降低合作风险，提高自身在北极地区治理和区域能源体系中的话语权。

三是太空能源开发利用。太空能源利用作为未来国际能源发展的重要方向，必将直接引起能源格局的重大改变。太空浩渺广阔，有月球、火星等近地天体上的矿物资源，也有深空太阳能这一主要能源——由于其在真空环境中，属于稳定且不易被削弱的能源，能量巨大。日本政府和企业研究机构最早提出了太空太阳能电站想法：通过太空太阳能发电后，以微波

❶ 王芳. 我国深海能源正迈向全面开采关键节点期 [N]. 中国石油报，2018 – 11 – 13 （1）.
❷ VERMA M K, WHITE L P, GAUTIE D L. Engineering and economics of the USGS circum-arc-tic oil and gas resource appraisal （CARA） project [EB/OL]. （2008 – 03 – 11）[2021 – 05 – 27]. https：//pubs. usgs. gov/of/2008/1193/downloads/OF08 – 1193_508. pdf.
❸ 罗英杰，李飞. 大国北极博弈与中国北极能源安全——兼论"冰上丝绸之路"推进路径 [J]. 国际安全研究，2020，38 （2）：91 – 115，159.

或激光的形式传送回地球，提供稳定的能源供应。美国、日本、法国、德国、俄罗斯等国已经在外太空进行试验发电。其中，欧洲国家在非洲留尼汪岛建造的一座 10 万 kW 试验型微波输电装置，已于 2003 年向当地村庄送电。[●] 中国在该领域起步较晚，但进步迅速。2018 年 12 月中国首个空间太阳能电站实验基地重庆璧山空间太阳能电站实验基地建设正式启动。据中国空间技术研究院的信息，中国计划到 2035 年建成一个 200MW 级的太空太阳能发电站。^❷ 中国在月球乃至火星探测技术等的积累，也为太空能源探索和利用奠定了基础。

（二）加快新能源合作的法律、金融等保障体系建设

第一，加大对发达国家新能源政策法律的研究，借鉴优质经验，完善中国新能源政策法规体系。新能源发展比较早的当属美国和欧盟。美国新能源的政策和立法可追溯到 20 世纪 60 年代末和 70 年代初期，主要的法律包括《1978 年国家能源法》《1992 年国家能源政策法》《2005 年国家能源政策法》《能源独立和安全法案》《2009 年美国清洁能源与安全法案》。美国通过不断立法，提高所有密集型产业的能效，设定了降低石油依赖减少能耗的目标。美国加大了对近海和本土石油的开采力度的支持，推行相关监管措施，加大了对太阳能、地热、生物质能的资助，鼓励民间主体的参与等。其根本目的在于保障能源供给安全，顺应全球科技、经济发展趋势，掌握能源与环境问题的主动权。在欧盟，1996 年的《未来的能源：可再生能源》绿皮书是欧盟制定可再生能源战略的第一步，2002 年欧盟批准《京都议定书》，随后通过《欧洲可持续的、竞争的和安全的电能策略》绿皮书、《欧洲未来电网战略部署文件》《能源 2050 路线图》等一系列文件，采取多种措施，支持提高能源效率和可再生能源领域的行动，并增加成员国相关预算，旨在通过"提高能源利用效率、发展可再生能源、使用核能、采用碳捕捉与存储技术"^❸ 4 种路径，实现 2050 年碳排放量比 1990 年

● 太空太阳能电站：人类获取能源的新途径 [J]. 电网与清洁能源，2008（10）：47.
❷ 2035 年中国将建成太空太阳能电站 [J]. 资源节约与环保，2019（12）：7.
❸ 张光耀. 欧盟可再生能源法律和政策现状及展望 [J]. 中外能源，2020，25（1）：25 - 32.

下降80%～95%的目标，以支持新能源发展，保持欧盟新能源全球治理领先地位。

目前，中国政府先后出台了《中华人民共和国中外合资经营企业法》《中华人民共和国中外合作经营企业法》《中华人民共和国外资企业法》《外商投资产业指导目录》《中西部地区外商投资优势产业目录》等法律文件，鼓励石油天然气勘探开发。《中华人民共和国可再生能源法》的颁布进一步为国外新能源企业对华投资以及中国国际新能源技术合作提供了法律保障。《中华人民共和国能源法（征求意见稿）》（2020）旨在规范能源开发利用和监督管理，保障能源安全，优化能源结构，提高能源效率，促进能源高质量发展。中国需要持续性细化新领域涉及合作实务中的法律问题，拓宽法律内涵和范畴，吸收西方新能源立法方面的优质经验，促进新能源技术发展和市场推广，塑造中国企业的新能源力量，为企业在国际合作中的新能源发展赋予助推作用。在"一带一路"能源伙伴关系中，尤其是在与欧盟、美国等新能源法律较成熟的地区合作中，需要在法律层面与国外市场对接，保障新能源合作顺利和中国企业的利益，为新能源企业"走出去"提供保障。

第二，要持续性创新，加大金融工具扶持力度。目前，亚洲基础设施投资银行和丝路基金为"一带一路"建设提供了更加专业高效的融资平台。中国能源企业也在"一带一路"建设中充分利用专项资金、合作基金、政策性银行出口信贷、"两优"贷款（援外优惠贷款和优惠出口买方信贷）的基础上，积极利用公私合营、股权投资、银团贷款、信托或融资租赁等新模式，不断拓宽项目融资渠道，有效解决沿线国家资金短缺难题。❶ 但是，企业在投资"一带一路"新能源项目时，融资存在一些问题和困难，包括：国内资金的回笼滞后以及由此造成的开发能力不足、海外项目竞争加剧、融资成本高和期限短、国际和所在国商业金融机构参与较少；长期投资参与机构少、中小企业困境等问题。需要进一步从国家层面，提升新能源投资合作能力建设、相关服务建设、绿色贷款监管考核，

---

❶ 石泽．从"一带一路"能源合作看国家能源安全［J］．国际石油经济，2019，27（9）：1-6.

设立专门的绿色投资基金等。❶

四、引领新时代能源互联网合作共赢新局

2011 年，美国学者杰里米·里夫金（Jeremy Rifkin）在其著作《第三次工业革命》中预言，以新能源技术和信息技术的深入结合为特征，一种新的能源利用体系即将出现——能源互联网（energy internet）。❷ 能源互联网，是综合运用先进的电力电子技术、信息技术和智能管理技术，将大量由分布式能量采集装置、分布式能量储存装置和各种类型负载构成的新型电力网络、石油网络、天然气网络等能源节点互联起来，以实现能量双向流动的能量对等交换与共享网络。❸ 能源互联网得到了我国政府的高度重视，是推动我国能源革命的重要战略支点。2015 年 9 月，习近平总书记在出席联合国发展峰会时发表题为《谋共同永续发展 做合作共赢伙伴》的重要讲话中指出："中国倡议探讨构建全球能源互联网，推动以清洁和绿色方式满足全球电力需求。"❹ 2016 年 2 月《关于推进"互联网＋"智慧能源发展的指导意见》发布，同年 3 月，由国家电网独家发起的全球能源互联网发展合作组织成立，这是全球能源互联网的首个合作、协调组织。未来，需持续性加强中国能源海外布局，发展能源产业"互联网＋"，把互联网技术与可再生能源相结合，推动能源开采、配送、利用等方面的智能化转型，推动能源共享网络建设等，以提高能源利用率和产业升级，引领中国海外竞争力。

第一，引领能源互联网关键技术研究。面对即将来临的能源互联网时

---

❶ 马骏，佟江桥．"一带一路"国家可再生能源项目投融资模式、问题和建议［J］．清华金融评论，2020（3）：107－112.

❷ 里夫金．第三次工业革命：新经济模式如何改变世界［M］．张体伟，孙毅宁，译．北京：中信出版社，2012.

❸ 能源互联网［EB/OL］.（2021－01－26）［2021－05－27］. https：//baike．baidu．com/i-tem/%E8 83% BD% E6% BA% 90% E4% BA% 92% E8% 81% 94% E7% BD% 91/16601214？fr = aladdin.

❹ 习近平．谋共同永续发展 做合作共赢伙伴［N/OL］. 2015－09－27［2021－05－27］. https：//epaper．gmw．cn/gmrb/html/2015－09/27/nw. D110000gmrb_20150927_3－02. htm.

代，必须围绕新能源发电、大容量远距离输电、先进储能、需求响应等能源互联网建设各个环节关键技术，开展基础研究和技术攻关，提前布局，形成自主知识产权，才能在海外竞争中占得先机。一要把握关键领域的自主知识产权。能源互联网时代，关键技术直接决定"能源自主性"战略的实现。在传统易开采的化石能源趋于枯竭的情况，加大可再生能源生产领域的关键技术研究并掌握相应核心技术，直接决定未来能源产业的核心竞争力。通过技术引进和自主创新，实现相应技术的自主知识产权，无论在任何时候，都是我国能源企业开展海外竞争的当务之急和重中之重。二要开展能源传输关键技术研究。大容量远距离输电技术是世界能源革命的基础技术，也是解决大型能源基地可再生能源发电外送的关键支撑技术。❶在能源互联网时代，能源传输的重要性可以与传统时代的能源通道建设相提并论。应重视微波电力输送、激光电力输送、多端直流输电、柔性直流输电、海底电缆、运行控制等技术，提升能源传输利用效率，解决能源分布不均衡等。三要开展储能技术、安全技术等其他技术研究。可再生能源尤其是光伏、风能等可再生能源输出功率随环境、天气等因素变化，从保障供电的持续性和稳定性来说，必须加大储能装置和技术研发。新型储能技术在电力系统中的应用，将从生产、运输、销售、利用各个环节对电力行业乃至能源行业产生深远影响。另外，能源互联网作为网络的一种，其信息安全技术、云计算技术大规模并网需求响应等技术都将直接影响能源互联网的发展。

第二，积极参与能源互联网制度标准、法律机制建立。作为一个新生事物，能源互联网包括能源行业各个环节，涉及众多设备、系统和接口，亟需构建标准体系。其实践环节由于相应制约缺乏造成的各类纠纷隐患，也迫切需要建立完善的法律机制，以维护国家和企业利益，提升全球能源互联网的话语权和主动权。一要积极参与能源互联网技术标准制定。能源互联网涉及煤、石油、核电、天然气、风能、光能等多种能源的从生产到

---

❶ 黄维和，韩景宽，王玉生，等．"一带一路"能源合作与西部能源大通道建设战略研究[M]．北京：科学出版社，2019．

利用的各个环节，迫切需要相应标准规范。对于我国企业来说，要积极参与相应技术标准制定，推动标准"走出去"，使之成为国际市场广泛认可的作业标准、行业规范，为后续设备生产、技术应用、系统接入等抢得先机。二要积极参与能源互联网相应法律机制完善。能源互联网建设项目主要为风电、光伏、潮汐等新能源项目，其具有规模大、持续周期长等特征，相关利益方构成复杂，整个流程中会出现投资方、东道国政府、施工单位、购电方、劳动者等，与其他普通的建设项目相比差别较大。在具体合作过程中，外国投资者可能面临许多潜在纠纷和法律风险，要破解和降低相应风险，必须依赖完善的法律机制。积极参与相应法律机制建立完善，便于更加有力地维护自身利益，提高国际竞争力。

第三，发挥电商优势，布局能源互联网销售环节。充分发挥中国电子商务优势，用网络连接"一带一路"沿线国家的企业、物流仓库、金融企业、能源互联网催生出的储能企业，满足沿线国家对能源以及能源行业所需设备、原材料甚至技术的需求，构建各国政府间的能源信息资源共享平台，建立能源信息披露制度，为"一带一路"国家能源企业在网络融资、数据技术、跨国贸易、物流系统、能源输送渠道等方面提供便利。

第三节　促进新时期能源企业海外竞争力升级

一、强化关键技术和高端领域国际竞争力

企业是国家在海外的重要的利益主体，挖掘替代能源合作潜能和重点技术领域瓶颈突破，提升替代能源核心技术竞争力，具有紧迫性。研究表明，中国保持经济增长要面对来自能源结构调整带来的挑战，加大替代能源的技术研发和国际合作是中国发展的必然趋势。[1] 目前，中国能源需求

---

[1] KAHRL F, ROLAND-HOLST D. Growth and structural change in China's energy economy [J]. Energy, 2009, 34 (7): 894–903.

持续上升，据国际能源署预测，到 2035 年，中国能源消费量将增加 60%，继续保持第一大能源消费国地位。❶ 而国内的新能源的比重相比欧美较低，非化石能源占一次能源消费比重，2018 年为 14.3%，2019 年为 15.3%。《能源生产和消费革命战略（2016—2030）》制定了"展望 2050 年，能源消费总量基本稳定，非化石能源占比超过一半，成为全球能源治理重要参与者"的长期目标❷，而依照当前的发展速度，替代能源消费还需要实质性增长，保证年增长率在 3.5% 左右，才能实现 2030 年的目标。对比国外，发达国家能源政策相继调整，新能源比重上升，美国推出《全面能源战略》和《清洁电力计划方案》，要求 2030 年碳排放较 2005 年降低 30%；欧盟委员会发布的长期愿景，目标是计划到 2050 年实现"碳中和"，即将净碳排放量降至零；荷兰、挪威、德国、法国、英国等国家相继提出全面禁售或停售燃油车时间表。作为世界发展最快的新兴经济体，中国的新能源发展需求比较迫切，也面临"绿色丝绸之路"发展的内在要求。

一是夯实优势项目，加大与国外替代能源市场技术层面合作和交流，塑造重大能源技术国际交流机制。2007 年科技部与国家发展改革委正式启动《可再生能源与新能源国际科技合作计划》，这是中国在技术层面的国际合作实务中的重大突破，"一带一路"倡议提出后，新能源产业尤其是风电和光伏产业发展跃居全球前列。截至 2019 年年底，亚洲是全球光伏产业生产制造的重心，中国是全球组件最大生产区域，产量达到 98.6GW❸，累计光伏并网装机量达到 204.3GW，同比增长 17.1%；全年光伏发电量 2242.6 亿 kWh，同比增长 26.3%，占我国全年总发电量的 3.1%，同比提高 0.5%。❹ 光伏产业虽然发展很快，但与发达国家相比，由于起步较晚，

---

❶ IEA. World energy outlook 2015 ［EB/OL］. （2015 – 11 – 10）［2022 – 02 – 26］. https：// ia. blob. core. windows. net/assets/5a314029 – 69c2 – 42a9 – 98ac – d1c5deeb59b3/WEO2015. pdf.

❷ 白春礼."科技创新助力构建国家能源新体系"专刊序言［J］. 中国科学院院刊，2019，34（4）：383 – 384.

❸ 2019 年光伏组件企业产能产量排行榜（含全球市场分析）［EB/OL］.（2020 – 09 – 08）［2021 – 05 – 27］. http：//guangfu. bjx. com. cn/news/20200908/1102593. shtml.

❹ 中商产业研究院. 2020 年光伏电价政策再次征求意见 我国光伏产业现状及发展前景如何？［EB/OL］.（2020 – 03 – 10）［2021 – 05 – 27］. https：//www. askci. com/news/chanye/20200310/ 140 2301157848. shtml.

仍存在基础研究待完善、企业制度待完善、标准认证与检测不足、企业人才培养不重视等一些短板问题。在风电领域，2006 年后风电呈 "爆发式" 发展，2010 年首次超越美国成为风电装机规模世界第一的风电大国，截至 2019 年年底，累计装机容量达 2.36 亿瓦，为居第二位的美国的 2.2 倍❶，但由于研发投入不足，没有建立起国家级的研发机构、公共测试平台和标准、检测、认证体系，依然存在技术支撑体系不健全、核心技术缺失等问题，风电机组的大型化、无齿轮箱直驱发电、变桨距控制、变速恒频运行等先进技术、轴承和电子控制系统等依然是制约行业发展的瓶颈和障碍。❷在页岩技术上，美国已经研发出页岩油、页岩气开发成套技术。中国新能源产业近年来发展迅猛，主要得益于巨大的市场、丰富的资源、相对低廉的人工成本以及国家的政策扶持等因素，能源产业尤其是整个产业链仍存在不少薄弱环节，核心技术存在被 "卡脖子" 的可能，在依托 "一带一路" "走出去" 实现国际化过程中，存在知识产权纠纷等潜在风险，这些都需要设立长远的攻坚目标。打造新能源关键技术优势还需要持续性强化，加快企业 "走出去" 与境外企业和当地政府的合作对话交流机制建设，开展务实项目合作，拓展同美国、欧盟等西方发达国家或地区新能源技术合作和科研领域建设，积极学习和引进国外新能源技术、设备和成果，并且形成一定的企业培训模式和定期学习模式，使企业具备推动新能源产业可持续发展的力量。

二是推进民用核能等高效替代能源的合作机制。民用核能在石油替代上有巨大的潜力，是各国应对气候变化和能源危机的一个重要选择。与中国开展民用核能合作比较早的是美国和法国，美国是全球民用核能第一大国和第一强国，其核能发展规模、相关技术和运营业绩均长期处于全球领先水平。中美早在 1985 年就签署过民用核能合作的协议，2006 年中美签署了合作谅解备忘录，确定在山东和浙江建立两个核电项目，引进美国西屋公司的技术。这是中美在核能合作上的第一次实质性突破。中法合作历

---

❶ 王恰. 中国风电产业 40 年发展成就与展望 [J]. 中国能源，2020，42 (9)：9，28 - 32.

❷ 纪志国. 我国风电产业现状与发展趋势探究 [J]. 中国设备工程，2020 (18)：217 - 218.

史悠久，1987 年合建的大亚湾核电站在深圳开工，2004 年签订了两个核能合作意向。其中，台山核电一期工程是中法两国能源领域在华最大的合作项目。除此之外，2007 年中国、美国、法国、日本、俄罗斯五国共同创立全球核能合作伙伴，2014 年中英发布的《中国政府与英国政府关于民用核能合作的联合声明》也是中国核能国际合作的重要标志。20 世纪 80 年代以来，中国核能发展很快，数据统计显示，2020 年 1—12 月全国累计发电量为 74 170.40 亿 kWh；运行核电机组累计发电量为 3662.43 亿 kWh，占全国累计发电量的 4.94%。❶ 但由于我国在核能领域基础研究薄弱，相关共性技术研发机构缺位，导致核心关键技术、前沿基础研究相较美国等西方国家还有较大差距。中国铀矿 90% 以上依靠海外进口，核能产业链自主可控仍有待提高。未来可加快核工业科研体系优化改革步伐，包括设立国家核实验室❷、国家层面直接管理的核工业科技研发机构，推动前沿基础研究以及重要共性技术研发，强化与国外同行的技术学习和人才培训交流，参与"国际核能论坛"等对话机制开展与更多国家的合作，持续性加强与俄罗斯、英国、哈萨克斯坦的铀矿的谈判和合作，以及进一步完善中国核安全法规制度和监管体系等。

三是重视海外企业在新能源产业链融通上的作用，着眼新能源产业可持续发展，挖掘和提升企业向能源上游转变的能力。铜、镍、锂和相关矿物是制造电动汽车电池和其他部件的关键材料，成为制约新能源产业发展的瓶颈，持续性提升满足电动汽车电池的战略矿物需求的能力，就需要提升海外企业的多元化供应和贸易能力。为确保新能源产业的进一步发展，还应培育企业专业的技术研发机构和配套零部件生产企业等，从而形成完整的新能源产业链，加大企业的科研资金投入。以光伏产业为例，我国在基础研究领域比较薄弱，目前国内大规模量产的晶硅电池技术，其结构原理是海外高校科研院所提出的；其他有望量产的高效电池技术也源自海外，这使我国光伏产业的国际化发展面临着一定的知识产权纠纷风险。❸

---

❶ 田力. 碳中和视角下的核能贡献 [J]. 能源，2021 (5)：30 - 33.

❷ 2019 年两会上，中国工程院院士罗琦提交了关于设立核领域国家实验室的提案。

❸ 江华. 论我国光伏产业的发展优势与劣势 [J]. 太阳能，2019 (9)：15 - 17，76.

比如，2019 年德国法院裁定晶科能源、隆基绿能等公司侵犯了韩国的韩华新能源有限公司在德国的欧洲专利。需要提高对设备生产制造行业、配套零部件生产企业等主体的政策支持、持续性加大对产业链薄弱环节的投资力度等，优化新能源产业链发展空间。

四是加快企业进入高端新兴领域竞争力的能力。基础研究的薄弱和核心技术的缺失，导致中国能源企业在海外竞争中处于不利地位，要想提升竞争力，实现弯道超车，必须在海洋工程、非常规能源、新能源等新兴高端领域提升竞争力，以适应海外项目大型化、高端化的需要。一是国家层面要加强统筹。高端新兴领域大多存在投资周期长、利益回收慢等特点，普通个人和民营企业一般难以承受，必须从国家层面加以统筹规划、激励引导：通过不断完善新能源发展规划，拓展非常规能源、新疆域探索方面与欧美等同步启动甚至提前谋划布局；完善相应制度激励，建立符合国情的高端领域和重大未来能源领域的综合管理职能部门或者能源协调机构，从而适应相应的发展需求；建立跨领域产学研综合能源开发机构，针对未来重大问题、核心问题开展集中攻关，推动融合与跨越式发展。二是企业层面要联动配合。新兴高端领域竞争激烈，涉及技术门类多、攻关难度大，对资金链、技术研发等都提出较高要求，单一企业难以独立胜任，可通过彼此间的合作，集团出击，合作共赢。加强资金方面的合作，对规模较大的海外项目，可构建多主体合作模式，如国企与国企、国企与民企、大型民企带动小型民企等合作模式，发挥集群优势，共同承担投资风险，实现优势互补；加强技术和产能合作，促进市场化发展，在期货市场、跨境投资、金融服务、海陆复合运输等环节，可采用多主体竞合模式——一方面可带动整体企业市场化竞争能力，符合真正市场化发展的要义，另一方面可培育企业"走出去"参与国际化竞争的整体实力。构建协调机制和企业法律规范等，防止中国企业彼此间恶意竞争，实现合作共赢。除此之外，要加快企业尖端人才培养。

二、提升企业应对风险和危机管控能力

中国海外能源供应、海陆运输、境外合作直接关系中国能源安全。能源问题的泛政治化、国际合作缺乏互信等都可能加剧矛盾和竞争。"一带一路"沿线国家比如中东区域有的国家政治环境不稳定，使得境外投资企业遭受了损失。在能源合作过程中，必须对投资国的政治局势做出准确判断。企业由于信息掌握的片面性，很难对一个国家或地区的政治趋势、潜在风险做出准确的预判。国家是企业的有力后盾，可从宏观上加以统筹，企业应提前分析研判可能存在的风险挑战，并做好预案。

第一，提高企业应对国际政治风险和投资风险管控的能力。境外能源合作面临的主要风险是政治风险。相比短期风险，政治风险具有影响深远和长期性的特点。通常，政治风险是东道国的政治环境或东道国与其他国家之间政治关系发生改变而给外国投资企业的经济利益带来的不确定性。❶政治风险可能引发经济损失的事件主要包括：征用、没收、政治干预、国有化、东道国国内的社会动荡和暴力冲突、东道国与母国或第三国的关系恶化、东道国的政权更替、战争等。这些事件往往直接影响投资环境，对中小企业的影响往往是致命的。在国家层面，一是出台相关海外国家或地区的风险分析指导性文件。从国家层面制定风险分析指导性文件，可采取和相关驻外机构、当地政府智库合作的方式，对合作项目的风险做出权威分析预判，指导相关企业做好相关预案。其可通过微信公众号、驻外官网等平台发布。二是完善境外投资指导和监督机制建设，不仅仅是停留在定期出台指导政策上；还需要细化评估领域，设立技术、经济、法律等专项工作组进行独立分析评估；每年定期或不定期到海外进行现场调研和境外业务检查，形成强大的调研机制，不断加强对境外重点地区、重大项目的巡视和专项检查。三是强化公共外交和军事合作在海外利益维护上的作用。2008年中国海军开始亚丁湾护航以来，有效地保障了国际重要贸易航

---

❶　陆雄文．管理学大辞典［M］．上海：上海辞书出版社，2013.

道的安全，为包括能源企业在内的众多企业提供了安全保障，也展示了中国政府的国际担当和大国风范。要从根本上降低海外投资的政治风险，必须以外交和军事力量作为基础保障，加强海外安全布局，推动海外安保、通道安全等机制建设，加快海外私人安保建设的步伐等。

从企业角度，一是强化投资决策机制，提升境外安全风险管控和突发事件应对能力。在政局动荡或者恐怖活动频发的地区开展能源合作，必须慎重决策，加强相关风险分析并制定相关应对预案。有些企业投资失败、利益受损，大部分与调研不充分、决策欠考虑、盲目决策有关。企业追求效益，在"一带一路"建设大背景下，包括国企在内的众多企业为了抢占主要市场，大规模进行海外投资，部分企业忽视自身情况，过于追求投资范围和建设规模，盲目投资，给企业带来了巨大的投资风险。"走出去"企业需要完善的投资决策机制，在投资前，开展可行性研究，充分了解意向国的投资环境、行业情况、主要竞争对手、预期收益等。二是多借鉴权威机构的评估意见，以及践行"第三方市场合作"理念。通过与国际知名企业和国际金融资本合作，推进产融结合，共同开发第三方国际市场，减轻自身风险压力，努力打造境外业务发展的利益共同体、协作共同体、事业共同体和命运共同体，进而实现项目共建、利益共享、风险共担、文化共融。❶ 三是建立健全应急处置机制，明确安全事故处理责任。随着民企"走出去"数量的增加，民企及其境外分支机构要建立完善的境外突发安全事故应急处置机制，制定安全事故应急预案，举行定期演练以提升应急处置能力。在突发性境外安全事故处理上，境外国企和民企，都需要构建政企沟通机制和舆论发布平台，保护企业人员和资产安全，发挥正面舆论的引导作用。

第二，充分发挥海外华商的纽带和指导性作用。一是海外华人企业成功融入当地发展的成功经验可为"走出去"企业提供借鉴。华侨华人与祖国在历史、血缘、文化传统和社会经济各方面的联系，成为联接海内外的

---

❶ 林晓峰，何永刚，曾爱琴. 构建"三标一体"管理体系防范能源投资企业国际化经营风险实践［J］. 国际工程与劳务，2021（4）：76－77.

天然纽带。海外华侨华人约有6000万人，分布广泛，作为社会关系网络的海外华商网络兼具本土化和国际化双重特征，可以成为联接的纽带，成为构建人类命运共同体的参与者。党的十九大报告也强调"广泛团结联系海外侨胞和归侨侨眷""创新对外投资方式，加快培育国际经济合作和竞争新优势"。他们的成功经验可为"走出去"企业提供借鉴。二是与当地华人企业合作可降低投资风险和准入门槛。能源合作国家可能存在诸如、官僚腐败、商业信用缺失、政策信息不透明等现象；有的国家政局动荡，政策制度缺乏连续性和稳定性；有的国家政府对经济、社会控制力比较弱，而民间组织、宗教团体反而影响力较大，遇到涉及劳资、环保等复杂问题时依赖政府难以解决。如何处理好与当地政府、民间组织等各类群体的关系，是开展国际合作必须面对的问题。海外华商在当地深耕多年，深谙当地政策、法律、风俗以及投资规则，长于风险分析和预判，且拥有一定的社会影响和人脉。与其合作可双向赋能，共同发展。

第三，做好相关风险应对方案。国家之间的文化差异主要体现在权力距离、不确定性规避、个人主义与集体主义、男性度与女性度、长期取向与短期取向这五个指标。❶ 以权力距离而言，有的中亚国家文化认为，上级是"和我一样的人"；以男性度和女性度而言，我国注重和谐、礼让、男女平等，而东南亚一些国家则男性度较高，企业中的重大事项通常由男性高层决策。"一带一路"沿线国家社会风俗、宗教、消费需求方面等方面也千差万别，不尽相同。这些差异可能转化为合作预期、员工管理、企业分成、市场占有等诸多方面的潜在风险。

要深入调研，因地制宜，制定适合当地企业发展的独特的管理文化。每个国家的基本国情、文化各不相同，相应的投资策略、合作重点也应有所不同。需要充分考虑境外投资国的传统文化，明确国家间的文化、风俗习惯的差异，守住"底线"思维，不踩文化差异的"红线"，制订机动灵活的投资计划，积极开展中外文化交流，与当地民众保持友好的关系。针

---

❶ 王宝燕."一带一路"建设背景下我国企业境外投资风险与应对策略［J］. 现代经济信息，2020（7）：74，76.

对人才培养和管理方式的不同，海外企业需要制定一整套适应国际市场竞争的海外人才管理措施。

要加强法律制度研究，规避诉讼风险。境外投资，企业必须充分了解能源合作地区的法律，以法律手段维护自身利益。企业要针对东道国的外资准入制度、公司治理制度、劳动法律制度和环保要求等法律法规进行深入研究，构筑基于所在国的劳动法、环境法、知识产权法等法律体系维护自身话语权，规范履行权利和义务，以免授人以柄、陷入被动。

要做好生态环境衍生风险应对措施。"一带一路"沿线有的地区或国家地质地貌极为复杂，生态环境多样，由此衍生的自然灾害多样且具有突发性。除此之外，能源开发，无论是传统化石能源，还是光伏、风电等项目，都会对当地原生生态环境有一定破坏，由能源合作诱发的环境风险也不容忽视。首先，必须做好自然环境风险评估。通过与东道国相关机构合作，调动其积极性，共同做好环境风险评估。其次，转换合作内容以加强环境保护。把环境污染的风险评估作为一项重要内容，对于有可能造成所在国环境污染或引发其他次生灾害的敏感项目，在与当地政府进行充分沟通协调，使之充分了解和掌握相应风险状况并做好舆论引导等工作后审慎开展，从源头上避免因生态破坏、环境污染而可能引发的群体性事件。减少对环境污染比较大的能源项目合作，推动能源产业升级，将合作范围从传统的能源开采向能源深加工领域转换，从化石能源领域向新能源领域转变，从资本输出向技术设备输出转变。在将国内的"可持续发展"等理念贯穿国际能源合作过程中，在能源勘探开发、深度加工、能源通道建设等合作的各个环节中，企业要建立环境评估和保护指标体系。

三、深化"民心相通"社会责任体系化建设

"民心相通"是"一带一路"建设的社会根基，集中表现在企业"走出去"的海外社会责任，主要是指对项目所在国的扶贫、教育、文明建设和社区发展等方面的贡献。能源企业作为国家整体形象和软实力的重要支撑与载体，提高能源企业海外竞争力，必须把与当地社会"民心相通"建

设结合起来。企业"走出去"成功与否，合作内容和效果都与当地的民心民意以及国家间的友好关系密切相关，因此，社会责任是企业海外竞争力的重要体现，也关乎企业长远的可持续发展。

目前，中国企业尤其是国有企业，普遍注重社会责任承担：在当地采买项目建设物资，明确要求海外业务要开展环评，积极投身当地的社区文化建设，积极开展慈善公益项目等。中石化在海外业务中把社会责任融于每个项目，把全球的海外业务分成八个代表处，设立专门的负责社会责任品牌和传播，把众多海外项目统筹起来；中国电建秉承开发清洁能源使命，将责任认知、治理、实践和成效融入项目开发、建设、运营的各个阶段，业务遍及全球110多个国家和地区，对助力当地经济发展、民生改善发挥了重要作用；中国华电积极参与民生保障、设施改善、文化交流、社区发展等社会责任活动，参与医疗服务、教育专政、赈灾救援等公益活动，累计受益者达上万人；中国华能创造了"华能萨希瓦尔速度"，推动了中巴经济走廊发展；三峡国际践行"善若水，润天下"的可持续发展理论，等等。2020年全球公共卫生安全面临压力，根据国务院国有资产监督管理委员会（以下简称"国资委"）、中国社会科学院发布的《中央企业海外社会责任蓝皮书（2020）》（以下简称《蓝皮书》）显示，95%的中央企业积极统筹境内外疫情联防联控，91%的中央企业积极保障境外项目复工复产平稳运行，89%的中央企业开展一线、重点疫情区域慰问，85%的中央企业向境外员工和所在社区开展防疫宣讲，71%的中央企业向东道国捐赠口罩、防护服等防疫物资，68%的中央企业协助合作伙伴、产业链及项目所在地社区开展防疫管理，67%的中央企业有序组织中国驻外员工返岗，15%的中央企业承建海外"战疫"医院建设或提供相关支持。❶

石油项目建设周期长、投资规模大、技术需求复杂，易受到政治经济因素、社会因素以及行业因素等的制约和影响，因此，石油行业企业的社会责任也会表现出异于一般企业的独特性。中国石油企业现行的社会责任

❶ 《中央企业海外社会责任蓝皮书（2020）》在京发布 [EB/OL]. （2020 – 10 – 16）[2021 – 05 – 28]. http：//www. rmzxb. com. cn/c/2020 – 10 – 16/2689181. shtml.

体系是在参照 ISO 26000 的基础上，依据国务院国资委关于"打造世界一流企业"的相关要求，充分考虑石油行业敏感性、政治相关性和社区影响力等特点编制的。❶ 在社会责任履行中，也存在一些问题，如东道国的外部利益相关方给予企业较大的社会责任压力，从顶层上缺乏理论指导和实践支持，企业存在投资与回报不成正比，对底层民众关注还不够，有的企业虽然履行了海外社会责任但并没有宣传或恰当宣传不能达到很好的社会效应，等等。而民企在这方面通常缺乏标准和制度化建设。整体上，海外能源企业社会责任管理的体系化建设还需要进一步完善。

一是强化海外能源企业的履责理论指导和实践支持。《蓝皮书》调查显示，62%的央企认为，制约海外分支机构履行社会责任的因素之一是缺少海外履责理论指导和实践支持。相关研究表明，企业社会责任是企业自治与政府推动相结合的产物，政府是重要驱动力，中国石油的企业社会责任演进明显受政治因素的驱使，政治因素增加了中国石油承担社会责任的合法性压力。❷ 因此，需要从政府层面，持续性深化企业海外履责顶层布局。推动形成以行业为单位的海外社会履责指导意见，出台指导文件，提供行业精准对标分析、提升国内外的经验借鉴，避免同质化企业社会履责，集中精力进行海外专项舆论建设等。针对新冠病毒变异以及持续面临公共卫生安全压力的客观情况，海外分支机构应以主动作为和配合提升改善医疗卫生水平，赢得海外抗疫的民心民意。

二是做好专业组织和人才服务队伍建设，构建服务支撑平台。《蓝皮书》显示，60%的央企认为制约因素之一是缺乏专业组织和人才服务。一方面，海外能源企业在熟悉当地社会责任实践中，要针对法律法规、文化风俗、当地非政府组织影响力、环境评估、工会力量、劳动保护情况、工资和工时惯例等开展大量的数据搜集、评估等工作，需要有经验的专业化队伍。另一方面，在社会责任建设中，需要大量教师、医务工作者、业务

---

❶ 陆如泉，林姿汝，徐小峰，等. 基于不同社会环境的中国石油企业海外社会责任行为研究 [J]. 中国石油大学学报（社会科学版），2021，37（2）：12.

❷ 齐丽云，苏爽. 中国石油的企业社会责任演进过程——基于组织意义建构和制度整合视角的案例研究 [J]. 管理案例研究与评论，2018，11（6）：565－576.

培训师等，从事专项社会责任工作。人才不足是能源企业自身"走出去"人才建设中的短板。同时，海外能源企业需要做好人力资源储备工作以应对突发事件导致人力不足的情况。

三是增强社会责任的协调和监督机制，推动信息披露，增强第三方合作。《蓝皮书》显示，企业海外社会责任问题中，认为业务负责人在环境和社会问题上的考核机制不健全的中央企业分别为 48% 和 13%。仅有17% 的中央企业认为东道国的外部利益相关方给企业的社会压力较小。能源企业"走出去"，有时会面对东道国的外部利益相关方给予企业的较大社会压力，比如为当地居民提供一定比例的就业岗位、环境保护等，而企业在生产过程中，可能会因为未达到约定标准而受到舆论谴责。个别西方国家利用这点将中国海外能源开发与合作诋毁为"新殖民主义"。通过"新殖民主义"的诋毁，个别西方国家把中国抹黑成一个只重利润而不关心贫困国家的发展利益的形象。海外能源企业在相应的能源服务类非营利组织的制度建设上尚需进一步完善。现行的制度下，其可以在企业内部制度建设基础上，增加和第三方市场化的调研合作、信息披露等，也可创新社会责任的国际商业化运作，实现共同经营和风险共担；同时，企业内部设立相关协调、监督部门，完善对负责人在环境和社会问题上的考核机制等。

四是结合社会责任推动企业的品牌建设和价值传播，提升品牌的友好度。构筑社会责任动态信息发布平台，弘扬企业文化，制定奖励标准等。在"2020·中国企业海外形象高峰论坛"上，国家能源集团的龙源电力南非公司的《一度绿电 照亮彩虹》被评为 2020 中国企业海外形象建设"海外社会责任类"优秀案例。能源企业要培养家国情怀，把企业的使命和责任与国家民族的核心利益结合起来，为企业自身的发展、沿线国家的经济发展履行社会责任，践行可持续发展理念。另外，要加强对当地底层民众的关切。要整合现有资源，深入推动与"一带一路"沿线国家在职业技能开发、社会保障管理服务、青年就业、创业培训、公共行政管理等领域的务实合作。要重点面向基层民众，开展教育、医疗、减贫等各类公益慈善活动，促进沿线贫困地区生产生活条件改善。

四、强化能源国际化人才培养和储备建设

人才是企业的核心竞争力。随着"一带一路"的深入发展，对"走出去"企业的人才队伍建设也提出了新的要求，即构建国际化人才培养和储备体系。所谓国际化人才，即具有国际化意识和胸怀以及国际一流的知识结构，视野和能力达到国际化水准，在全球化竞争中善于把握机遇和争取主动的高层次人才。[1] 对能源国际企业来说，国际化人力资源储备是其成功"走出去"的核心因素。

能源类企业在进行国际化时，面临的最大的问题不是资金和市场，而是缺乏具有国际眼光和国际化管理能力的人才。[2] 中国能源企业在走出去的过程中，不乏沉重的挫折和教训，其中缺乏深谙所在国政治态势、通晓国际化运作经验、了解世界能源发展趋势且掌握外语、法律等专业技能的人才是主要的原因之一。[3] 长期以来，我国能源企业的员工和管理层多在国内工作，国际化程度不高，"一带一路"倡议提出后，中国能源企业逐渐意识到国际化人才对于海外发展的重要性，开始采取措施加速国际化人才培养步伐，但与有的国际能源巨头相比，仍有一定差距。新时期，强化能源国际化人才培养和储备建设，对于提升能源企业海外竞争力至关重要。

与一般人才相比，能源国际化人才应具备 7 种能力：强烈的创新意识和开阔的国际化视野；熟练掌握能源领域的国际化知识；熟谙能源领域国际法规和相关国际惯例；熟练的外语和较强的跨文化沟通能力；独立的国际活动能力；较强的信息获取处理和运用的能力；较高的政治素质和心理素质，能经受多元文化的冲击，在做国际人的同时不至于丧失中华民族的

---

[1] 国际化人才 [EB/OL]. (2021 – 01 – 27) [2021 – 05 – 27]. https：//baike. baidu. com/item/%E5%9B% BD% E9%99% 85% E5% 8C% 96% E4% BA% BA% E6% 89% 8D/1154578？fr = aladdin.

[2] 娄莹莹. 中海油国际化战略研究 [D]. 长春：吉林大学，2019：43 – 44.

[3] 徐彦明. 中石油国际化战略研究 [D]. 武汉：武汉大学，2012：105 – 106.

人格和国格。❶ 国际化人才的培养绝非一朝一夕之功，必须多方合力。

一是国家层面制定规划，探索服务于"一带一路"的国际化人才教育培训体系。随着经济全球化进程的加速和"一带一路"倡议的推动，包括能源领域在内的诸多领域对国际化人才的需求缺口会越来越大。人才的产生离不开"教育"，只有构建符合需求的国际化人才教育培训体系，才能从根本上解决国际化人才缺口问题。当前，我国传统高等教育的培养模式主要还是以单学科模式为主，"懂能源的人不懂经济，懂经济的人不懂外语"，缺乏符合能源国际合作所急需的综合型多素质国际化人才。《国家中长期教育改革和发展规划纲要（2010—2020年）》中明确指出："加强国际交流与合作，开展多层次、宽领域的教育交流与合作，提高我国教育国际化水平，适应国家经济社会对外开放的要求，培养大批具有国际视野、通晓国际规则、能够参与国际事务与国际竞争的国际化人才。"❷ 但目前关于国际化人才培养，还缺少相应的顶层规划，国家应结合顶层设计和学科规划，制定"一带一路"人才发展规划以及配套实施方案，画出"时间表"和"路线图"，从国家层面给国际化人才培养以遵循。一方面，学科设置需要适应未来能源创新发展大局。国家急需培养储能领域、新能源领域的人才，需要加快扶持储能科学与技术、新能源科学学科建设，重点扶持具有一定基础的学校，培育课程体系，倡导实践教学等。教育部于2019年设立储能科学与工程，储能学科建设还有待进一步加强，需要强化学校示范工程建设，华中科技大学、北方工业大学、同济大学等具备一定基础的高校在发挥自身优势开拓新能源和储能领域学科创新方面具有很大潜力。在目前现行学科目录中，新能源学科分散在理学、工学两大门类下的10个一级学科中，不利于学科方向集中发展和在统一平台上聚拢优秀人才，也给进一步提升人才培养计划适应产业发展以及评估衡量学位授予质

---

❶ 国际化人才［EB/OL］.（2021－01－27）［2021－05－27］. https：//baike. baidu. com/item/%E5%9B%BD%E9%99%85%E5%8C%96%E4%BA%BA%E6%89%8D/1154578? fr = aladdin.

❷ 国家中长期教育改革和发展规划纲要（2010—2020年）［EB/OL］.（2011－10－29）［2021－05－27］. http：//www. moe. gov. cn/srcsite/A01/s7048/201007/t20100729_171904. html.

量带来了不便，对规范化学科管理增加了难度，需要调整《学位授予和人才培养学科目录》，在学科目录中增设新能源科学、储能科学与技术等一级学科等。另一方面，需要以高校为核心，推出能源岗位人才就业和岗位匹配创新方案。目前传统能源高校专业设置实用性有待进一步提高。《中国石油大学（北京）2018 年毕业生就业质量年度报告》显示：在 1866 名本科毕业生中，939 人选择继续深造，剔除未就业的 45 人，相当于实际参加工作的毕业生不足半数。其中，认为所学专业与职业匹配度"很相关"及"相关"的比例持续下滑，由 2016 届的 67.54% 降至 2018 届的 59.75%，匹配度选择"一般""不相关"或"很不相关"的学生占到 40% 左右。❶ 要强化专业学科建设，跟踪能源专业就业反馈意见，通过改革专业设置，提升人才和岗位的匹配度，提升大学生对能源领域就业的认识，同时，还需要强化宣传教育和打造模范效应，培育吃苦耐劳精神和奉献一线的精神等。

二是企业层面主动作为，解决当前人才问题，探索自身国际化人才培养和管理模式。人才培养教育先行，但也离不开实践，要培养出真正符合能源企业"走出去"需要的国际化人才，还必须通过企业的工作平台的具体实践。中国海外企业目前比较缺乏的是综合型人才，即能够熟悉东道国语言、文化、法律制度，对企业海外运营的各种风险有一定的预判和处置能力的管理型人才。目前，能源企业的人员老龄化问题突出，企业在招聘大学生和年轻人上存在招聘困难或者难以留住的问题，尤其传统油气行业人才缺口问题比较突出。需要推动企业进一步改革用人制度，推出企业内部国际化岗位流转制度和老员工"传帮带"活动，贯彻"专业的人干专业的事"，对一线操作工、行政管理人员等设置针对性的工资待遇、工作环境、发展前景设计，倡导市场化考核制度和奖励机制。另外，企业应根据自身特点，采取与教育培训机构相结合的形式，将岗位实践与职业培训结合起来，打造符合自身需求的人才培养体系。这方面，国内已有先例，如中石化与北京化工大学国际教育学院合作的"中国石油化工国际人才培养

---

❶ 朱妍，李玲. 传统能源行业遭遇人才困局［N］. 中国能源报，2019 - 04 - 22（1）.

中心"。此外，企业还需建立科学的人才管理流程和制度标准，对人力资源进行合理规划，对非核心职能或岗位，采用外包或聘用的方式，引人才为己用以减少相关领域国际化人才培养成本。

三是提升第三方人才培养能力，充分利用现有国际化人才资源，完善引进机制和激励措施。推动海外人才资源库建设，能源项目所在国高校人才、"一带一路"相关智库专家学者、代表性华商、能源行业海外留学生、驻外使领馆退休返聘人员、其他行业国际化人才等都可以纳入人才资源库；提升研究机构数量和质量，加强国内研究机构与国外研究机构的合作，探索企业、高校、科研机构联合组建能源企业人才智库，依托高校科研机构的资源和学科优势，加大对能源合作国政治、经济、法律、文化、宗教等综合知识的培训，为企业海外人才储备提供战略支撑，使之成为国际化人才的"孵化器"和储备库；引入国际化综合知识考核平台，同第三方市场签订定期课程培训、知识竞赛、网络答题考核等模式，提升从专业领域向国际化人才培养的转换效率，扩大企业从业人员的综合能力和国际化视野；制定相关激励措施，加大对现有国际化人才的吸纳和利用，通过第三方的调研，完善市场化人才竞争机制，改善人才引进渠道，吸引国际化人才来华或到中国能源企业工作等。

第五章　结　论

能源领域的战略自主性，笔者理解为在能源领域，国家超越国际各种势力，基于自身能源发展实力和处境，通过制定长期的、全局性的方案，最终实现维护国家能源利益的长期有效的行为能力。它是国家自主性在能源领域的延伸，只有当一个国家能够提出这种独立的目标时，国家作为一个重要行为体对全球能源秩序的影响力才能有所体现。中国国际能源战略自主性的目标，在于维护海外能源合作中的国家利益、建立充足和安全的能源供应体系、构建中国主导下的能源话语权。

从中华人民共和国成立至今，中国国际能源合作经历了五个阶段，国际能源自主的水平不断提升。这五个阶段是：冷战背景下对苏联"集体安全"能源合作阶段，改革开放初期"引进来"的国际能源合作阶段，成为净进口国后的"走出去"国际能源合作阶段，出于保障能源安全大局的"多元化"国际能源合作阶段，新时期"一带一路"能源命运共同体阶段。新时期"一带一路"能源合作，使中国国际能源自主能力进一步提升。

在国际能源合作历程中，每一个阶段都有其自身的历史背景和时代成果。中华人民共和国成立初期，在冷战背景下中苏建立的"集体安全"能源合作，保障了东北亚作为冷战前沿的能源供应，缓解了抗美援朝战争背景下的能源压力，对争取战争主动权起到重要作用。同时，中苏的能源合作对国内勘探理论、先进技术和人才培养方面也起到了一定作用，客观上对中华人民共和国成立初期能源工业的快速崛起和石油自给自足产生了积极影响。改革开放后，中国实施以市场开放、能源出口换取资金、技术和设备的"引进来"的合作举措，倾向于以能源贸易换取外汇，采取技术和

资源禀赋互补的合作模式，着重于以本土资源开发利用为目标，合作对象
从有限的国内市场到西方发达国家转变，海上能源合作取得了快速发展。
1993 年中国成为石油净进口国以后，着眼于提升全球油气供应能力，而非
此前局限于本国能源技术和设备的国内需求，充分运用了能源外交手段，
发挥能源企业主导地位，利用两个市场，加快市场化改革措施和现代企业
制度出台，中国能源企业海外投资规模逐渐扩大，获得一定规模的海外油
气储量和产量，与国际能源组织或机构的多边对话快速发展。2005 年以
后，国际能源合作围绕着能源来源多元化、能源种类多元化、运输渠道多
元化、合作方式多元化等内容，实现了主要领域的一些突破，并围绕"多
元化"战略展开了一系列的能源外交，积极开展和发达国家的新能源产业
合作，与主要新能源科技领先的国家签署了一系列的框架和协议，拓宽了
风能、水电、核能、氢能、太阳能等领域的合作并取得了成效，中国企业
投资实现了从中东和周边地区到非洲、南美、欧洲的多元化的发展，初步
形成了东北、西北、西南陆上和海上油气进口通道的多元化运输格局。伴
随"一带一路"倡议的提出，能源作为重点合作内容，不断完善顶层政策
与框架，通过打造高端能源国际会议平台和多双边交流合作机制强化能源
合作的战略地位，在多个领域凝聚能源命运共同体共识，在油气、电力、
可再生能源、金融支撑、相关服务等领域，搭建双多边务实合作平台，能
源安全保障体系逐步深化，基础设施互联互通取得积极进展，海外能源企
业经营成效和竞争力进一步提升，中国已与世界主要能源生产国、消费国
以及国际能源组织建立了稳固而经常性的联系。作为能源消费大国的中国
正在寻求从能源大国到能源强大国的转变，在能源消费国家和广大发展中
国家寻求国际能源话语权和创新合作模式起到了引领作用。

中国的能源战略自主性的实现是一个囊括多领域的综合能力的崛起，
涉及政治、经济、社会、金融等，提升中国国际能源自主能力需要主动塑
造空间和机遇，离不开持续性提升中国在传统油气领域的影响力，还需要
开拓新局、拓展"一带一路"能源合作框架的内涵，企业作为主体也需要
在风险和机遇挑战中提升管控水平和国际竞争力。

一是提升"一带一路"油气影响力。在夯实油气进口"多元化"战略

的基础上，需要推动油气交易中心从"量"到"质"的发展，借鉴国外交易市场的成长经验，还需要长期培育和市场发力，消除溢价、推动市场化改革，提升国际油气价格话语权。当前，引发世界格局动荡的因素加剧，油气高依存度的局面短时间内没有根本性变化，中国石油战略储备总体规模仍然偏低，增加油气的战略储备，同时推动商业化运营和民间资本发挥作用，有助于长期发展。中国海陆复合型运输模式逐渐形成，海上需要强化关键港口在能源安全、全球战略投送支点方面的重要作用，陆上需要重视与能源过境国开展能源通道建设，开展管道安全和危机管理相关合作，以解决管道运输未来风险问题。还需要持续性挖掘油气上中下游板块的投资机会，与沿线国家共同推进"一带一路"油气项目的全产业链投资等。

二是从四个方面发力，深化扩展能源合作要素内涵。通过强化中国主导型框架如上海合作组织、澜湄合作框架，打造"一带一路"能源合作子框架，建设在能源安全、产能合作等方面的示范效应。深化与消费大国合作，挖掘中印和东北亚能源合作空间，汲取历史教训、深化能源外交，立足清洁能源发展共同诉求和产业优势互补，争取建立长期的能源合作机制。推动自主开发、能源技术革新，必须高度关注环境影响，实现高效开发与绿色环保的有机统一。相关新能源合作的法律、金融等保障体系建设也亟待加快。这些都需要不断充实"一带一路"能源合作框架和内涵。

三是能源企业作为国家整体形象和软实力的重要支撑和载体，挖掘替代能源合作潜能和重点技术领域的瓶颈突破，提升替代能源核心技术竞争力，具有紧迫性。企业也需要"内外施策"，提升"走出去"应对环境风险和投资风险管控的能力，必须把与当地社会"民心相通"建设结合起来，同时需要强化未来国际化人才培养和储备能力。

能源自主性命题与国家主体在国际关系中的角色紧密相关，在实现中华民族伟大复兴的历史进程中，中国正经历着从被动的威胁应对模式到主动的能力塑造模式的转变。"一带一路"能源合作的不断深化，势必会提升中国能源自主作为能力，扩大作为空间。从更长远的历史角度看，从依赖性走向自主性是中国国际能源政策历史演变中秉承的大势，更是全球第一能源消费国寻求自身能源革命的必然之路。

参考文献

一、中文参考文献

[1] 陶文钊. 美国对华政策文件集：第 1 卷（下）［M］. 北京：世界知识出版社，2003：984.

[2] 关于抗美援朝战争期间中苏关系的俄国档案文献（连载二）［J］. 当代中国史研究，1998（1）：94 - 104.

[3] 周恩来，维辛斯基. 中华人民共和国中央人民政府苏维埃社会主义共和国联盟政府关于贷款给中华人民共和国的协定［J］. 山东政报，1950（3）：93 - 94.

[4] 中共中央、周恩来关于中苏贸易协定谈判等问题的电报、批示选载［J］. 党的文献，2008（1）：4 - 12.

[5] 马德义. 20 世纪 50 年代初苏联远东地区对中蒙朝的石油输出［J］. 中国石油大学学报（社会科学版），2008（4）：76 - 80.

[6]《当代中国石油工业》编委会. 当代中国的石油工业［M］. 北京：中国社会科学出版社，1988：214.

[7] 张士英. 大庆油田：从学习"两论"到贯彻新发展理念［N］. 光明日报，2021 - 03 - 16（5）.

[8]《百年石油》编写组. 百年石油［M］. 北京：石油工业出版社，2009：24 - 30.

[9] 李富春. 关于发展国民经济的第一个五年计划的报告［J］. 经济研究，1955（3）：1 - 58，159.

[10] 王秀娟. 来之不易 6 亿吨［J］. 中国石油石化，2013（14）：28 -

29．

[11] 历史选择了邓小平（16）[EB/OL]．（2018 - 04 - 11）[2021 - 05 - 27]．http：//Cpc. people. com. cn/n1/2018/0411/c69113 - 29919071. html．

[12]《中国石油钻井》编辑委员会．中国石油钻井（综合卷）[M]．北京：石油工业出版社，2007：5．

[13] 国家统计局工业交通统计司．中国能源统计年鉴1997—1999 [M]．北京：中国统计出版社，2001：92 - 93．

[14] 王轩．领导干部问责制的制度化思考——对"渤海2号"事件的分析 [J]．北京行政学院学报，2017（3）：63 - 70．

[15] 韩学功．"引进来""走出去"开创国际石油合作新局面——改革开放以来中国开展国际石油合作的回顾与展望 [J]．中国石油和化工经济分析，2008（11）：41．

[16] 杜伟．中日能源关系研究 [D]．重庆：西南师范大学，2005．

[17] 戴淑珍．莺歌海"崖13—1"气田简介 [J]．涉外税务，1993（3）：41．

[18] 余建华．世界能源政治与中国国际能源合作 [M]．长春：长春出版社，2011：331．

[19] 田力．碳中和视角下的核能贡献 [J]．能源，2021（5）：30 - 33．

[20] 赵宏图．能源合作：中美关系发展的新动力 [J]．国际石油经济，2009（10）：2．

[21] 张芳．中美能源合作探析 [D]．广州：暨南大学，2006：5．

[22] 伍贻康．欧洲共同体与第三世界的经济关系 [M]．北京：经济科学出版社，1989：194．

[23] 中华人民共和国和欧洲经济共同体贸易和经济合作协定 [EB/OL]．（1985 - 05 - 21）[2021 - 05 - 27]．http：//www. law - lib. com/law/law_view1. asp? id = 76310．

[24] 孙岩冰．中日能源合作40年之互利 [J]．中国石油石化，2012（20）：26 - 27．

[25] 崔守军. 海湾战争真相: 世界能源中心的争夺战 [J]. 现代阅读,
2015 (12): 6-8.

[26] 倪健民. 国家能源安全报告 [M]. 北京: 人民出版社, 2005: 58.

[27] 关于建立社会主义市场经济体制若干问题的决定 [N]. 人民日报,
1993-11-17 (1).

[28] 周吉平. 中国石油天然气集团公司"走出去"的实践与经验 [J].
世界经济研究, 2004 (3): 63.

[29] 金玉静. 印度尼西亚矿业: 中印合作的重要领域 [J]. 国际工程与
劳务, 2005 (11): 20-23.

[30] 罗英杰. 国际能源安全与能源外交 [M]. 北京: 时事出版社,
2013: 293-294.

[31] 卢林松. 四大集团海外油气投资逾70亿美元 [J]. 海洋石油, 2005
(3): 25.

[32] 关于印发《原油、成品油价格改革方案》的通知 [EB/OL]. (2011-
08-16) [2022-02-24]. http: www. nea. gou. cn/2011-08/16/
c_131051983. htm.

[33] 薛力. 中国能源外交与国际能源合作 [M]. 北京: 中国社会科学出
版社, 2011: 390-392.

[34] 许勤华, 王红军. 亚太经合组织多边能源合作与中国 [J]. 现代国
际关系, 2009 (12): 34-35.

[35] 徐莹. 中国参与能源国际组织的现状及前景 [J]. 现代国际关系,
2010 (12): 47-50.

[36] 辛本健. 中国参与十四个国际能源合作机制 [N]. 人民日报, 2008-
08-19 (16).

[37] 刘元玲. 中国能源发展"走出去"战略探析 [J]. 国际关系学院学
报, 2010 (1): 69.

[38] 许勤华. 改革开放40年能源国际合作踏上新征程 [J]. 中国电力企
业管理, 2018 (25): 87.

[39] 夏义善. 中国国际能源发展战略研究 [M]. 北京: 世界知识出版

社，2009：15.

[40] BP 公司．BP 世界能源统计年鉴（2013 年版）［EB/OL］．（2013 - 07 - 02）［2016 - 05 - 25］．https：//www. bp. com/content/dam/bp/country - sites/zh_cn/china/home/reports/statistical - re.

[41] 胡锦涛．在八国集团同发展中国家领导人对话会议上的书面讲话［N］．人民日报，2006 - 07 - 18（1）.

[42] 刘立力．中国石油发展战略研究［J］．石油大学学报（社会科学版），2004（1）：1 - 6.

[43] 中石油大事记［EB/OL］．（2011 - 06 - 21）［2021 - 05/25］．http：//www. cnpc. com. cn/cnpc/iradsj/country_index. shtml.

[44] 第五次中美战略经济对话成果情况说明［N］．人民日报，2008 - 12 - 06（3）.

[45] 赵庆寺．国际合作与中国能源外交：理念、机制与路径［M］．北京：法律出版社，2012：173，302.

[46] 中石油拟扩建中哈原油管道［J］．设备监理，2013（3）：63 - 64.

[47] 非经合组织国家将引领全球能源消费 EIA 发布《2011 国际能源展望》［EB/OL］．（2011 - 09 - 28）［2021 - 05 - 25］．http：//news. bjx. com. cn/html/20110928/313106. shtml.

[48] 潘继平，王陆新，娄钰．"一带一路"油气资源潜力与战略选区［J］．国际石油经济，2016，10（10）：13.

[49] 赵宏图．超越能源安全："一带一路"能源合作新局［M］．北京：时事出版社，2019：8，329.

[50] 国家统计局2020 年12 月份能源生产情况［EB/OL］．（2021 - 01 - 18）［2021 - 05 - 25］．http：//www. stats. gov. cn/tjsj/zxfb/202101/t20210118_1812426. html.

[51] 国务院办公厅印发《能源发展战略行动计划（2014—2020 年）》［EB/OL］．（2014 - 11 - 19）［2021 - 05 - 25］．http：//www. gov. cn/xinwen/2014 - 11/19/content_2780748. htm.

[52] 国家发展改革委外交部商务部．推动共建丝绸之路经济带和21 世纪

海上丝绸之路的愿景与行动［N］．人民日报，2015 - 03 - 29（4）．

［53］国家发展和改革委员会国家能源局．推动丝绸之路经济带和21世纪海上丝绸之路能源合作愿景与行动［N］．中国电力报，2017 - 05 - 15（3）．

［54］姚金楠．共建"一带一路"能源合作伙伴关系［N］．中国能源报，2018 - 10 - 22（1）．

［55］国家能源局．"一带一路"能源合作伙伴关系合作原则与务实行动［EB/OL］．（2019 - 04 - 25）［2021 - 05 - 25］．http：//www. nea. gov. cn/2019 - 04/25/c_138008739. htm.

［56］中华人民共和国国民经济和社会发展第十四个五年规划和2035年远景目标纲要［N］．人民日报，2021 - 03 - 13（1）．

［57］中国—东盟清洁能源能力建设计划［EB/OL］．（2019 - 09 - 06）［2021 - 05 - 25］．http：//obor. nea. gov. cn/pictureDetails. html？id = 2556.

［58］常毓文．坚持互利共赢原则深化"一带一路"油气合作［N］．中国石油报，2019 - 10 - 29（5）．

［59］孙秀娟．中国石油"一带一路"交出亮丽成绩单［N］．中国石油报，2019 - 04 - 24（1）．

［60］中国在"一带一路"能源投资中绿色比例到底有多大？［EB/OL］．（2020 - 08 - 06）［2021 - 05 - 25］．https：//www. sohu. com/a/411692213_778776.

［61］孙昌岳．绿色是"一带一路"最动人的色彩［N］．经济日报，2021 - 02 - 27（4）．

［62］中国石油天然气集团有限公司2019年度报告［EB/OL］．（2020 - 03 - 27）［2021 - 05 - 25］．https：//pdf. dfcfw. com/pdf/H2_AN202003 261377008674_1. pdf.

［63］三大油企深耕"一带一路"沿线油气合作区［J］．中国石油企业，2019（5）：36 - 37.

［64］章建华．能源合作是共建"一带一路"重点领域［J］．中国石油企

业，2019，409（5）：38.

[65] 国际油气业务［EB/OL］.（2020 – 04 – 25）［2021 – 05 – 25］. http：//www. cnpc. com. cn/cnpc/gjyqyw/ktysc_index. shtml.

[66] 基本情况［EB/OL］.（2017 – 04 – 17）［2021 – 05 – 25］. http：//www. sgcc. com. cn/html/sgcc_main/col2017041715/column_2017041715_1. shtml.

[67] 新兴市场国家力量步入上升期［EB/OL］.（2011 – 01 – 07）［2021 – 05 – 25］. https：//www. Chinanews. Com. cn/cj/2011/01 – 07/2771636. shtml.

[68] 深化互利合作促进共同发展［N］. 人民日报，2017 – 09 – 06（3）.

[69] 王以鹏，石秋峰，唐彦林. 奥巴马政府能源新政下的中美能源合作［J］. 国际关系学院学报，2011（3）：77.

[70] 刘霞. 联合国《2019 年碳排放差距报告》称，为实现气候目标：未来十年全球每年需减排 2.7%［N］. 科技日报，2019 – 11 – 28（2）.

[71] 国家统计局. 中华人民共和国 2020 年国民经济和社会发展统计公报［N］. 人民日报，2021 – 03 – 01（10）.

[72] 国家发改委、国家能源局. 能源生产和消费革命战略（2016—2030）［EB/OL］.（2017 – 04 – 25）［2021 – 05 – 25］. http：//www. gov. cn/xinwen/2017 – 04/25/5230568/files/286514af354e41578c57ca38d5c4935b. pdf.

[73] 李雪平，万晓格. 发展权的基本价值及其在《巴黎协定》中的实现［J］. 武大国际法评论，2019，3（3）：

[74] 熊际. 国际恐怖主义对中国企业跨国经营的影响及对策分析［D］. 武汉：湖北大学，2013：16.

[75] 赛比耶 – 洛佩兹. 石油地缘政治［M］. 潘革平，译. 北京：社会科学文献出版社，2008：31，56.

[76] 克莱尔，马志良. 致命的交叉点：石油、恐怖主义和美国国家安全［J］. 国外社会科学，2003（6）：28.

[77] 中国外文局中国企业海外形象研究课题组，翟慧霞，孙敬鑫. 2020

年度中国企业海外形象调查分析报告———以"一带一路"沿线 12
国为调查对象［J］. 对外传播，2020（12）：20 - 22.

［78］龙永图. 中国企业走出去关乎国家形象［J］. 现代国企研究，2011
（3）：6.

［79］国家统计局. 中华人民共和国 2020 年国民经济和社会发展统计公报
［EB/OL］.（2021 - 02 - 28）［2021 - 05 - 25］. http：//www. stats.
gov. cn/tjsj/zxfb/202102/t20210227_1814154. html.

［80］国家统计局能源统计司. 中国能源统计年鉴 2015［M］. 北京：中国
统计出版社，2016：289.

［81］公安部：2020 年全国新注册登记机动车 3328 万辆，新能源汽车保有
量 492 万辆［J］. 商用汽车，2021（1）：9.

［82］李克强. 政府工作报告［N］. 人民日报，2021 - 03 - 13（1）.

［83］骆倩雯. "三个协同"持续推进大气治理［N］. 北京日报，2021 -
01 - 19（1）.

［84］2020 年全球及中国能源结构、能源强度现状分析及预测［EB/OL］.
（2020 - 01 - 07）［2021 - 05 - 26］. https：//www. chyxx. com/indus-
try/202001/826120. html.

［85］张徐. 冷静看待中国石油对外依存度的上升［N］. 中国财经报，
2011 - 08 - 06（4）.

［86］中国石油推进中东地区合作建设纪实［EB/OL］.（2018 - 08 - 13）
［2021 - 05 - 26］. http：//news. cnpc. com. cn/system/2018/01/23/
001676255. shtml.

［87］史丹. 中国能源安全结构研究［M］. 北京：社会科学文献出版社，
2015：30.

［88］国家发展改革委国家能源局关于印发《中长期油气管网规划》的通
知［EB/OL］.（2017 - 05 - 19）［2021 - 05 - 26］. https：//www.
ndrc. gov. cn/xxgk/zcfb/ghwb/201707/W020190905479932558033. pdf.

［89］高鹏，高振宇，赵赏鑫，等. 2020 年中国油气管道建设新进展［J］.
国际石油经济，2021，29（3）：

[90] 孔锋. 透视海洋安全环境视角下的"冰上丝绸之路"建设及其综合风险防范 [C] //中国环境科学学会. 2019 中国环境科学学会科学技术年会论文集（第四卷）. 中国环境科学学会，2019：7.

[91] 石油史话：国际原油价格体系演变的 5 个历程 [EB/OL]. (2018 – 10 – 25) [2021 – 05 – 26]. http：//sydj. cnpc. com. cn/sydj/syct/201810/df022e02262d432883ec4415449a4c3d. shtml.

[92] 中国 2020 年进口铁矿石 11.7 亿吨，创历史新高 [EB/OL]. (2021 – 01 – 14) [2022 – 02 – 26]. https：//baijiahao. baidu. com/s? id = 1688860972658540011&wfr = spider&for = pc.

[93] 张丹琳. 当前稀土资源现状与供需形势分析 [J]. 国土资源情报，2020 (05)：37 – 41.

[94] 魏一鸣. 中国能源报告战略与政策研究（2006）[M]. 北京：科学出版社，2006：143.

[95] "一带一路"国家投资合作常见的风险 [EB/OL]. (2020 – 02 – 22) [2021 – 05 – 26]. https：//baijiahao. baidu. com/s? id = 1659228950917430199&wfr = spider&for = pc.

[96] 张映斌，刘琪. "一带一路"能源合作的现状、问题与建议 [J]. 石化技术，2020，27 (1)：285 – 286.

[97] 黄维和，韩景宽，王玉生，等. "一带一路"能源合作与西部能源大通道建设战略研究 [M]. 北京：科学出版社，2019：11.

[98] 魏修柏. 我国能源对外合作的形势、特点与不足 [J]. 公共外交季刊，2017 (2)：156.

[99] 刘金质，梁守德，杨淮生. 国际政治大辞典 [M]. 北京：中国社会科学出版社，1994.

[100] 李少军. 国际政治大辞典 [M]. 上海：上海人民出版社，2002：203.

[101] 伊藤宪一. 国家与战略 [M]. 军事科学院外国军事研究部，译. 北京：军事科学出版社，1989：14.

[102] 钮先钟. 战略研究 [M]. 南宁：广西师范大学出版社，2003：30.

[103] 日兹宁．国际能源：政治与外交［M］．强晓云，译．上海：华东师范大学出版社，2005：45．

[104] 李少军．国际战略学［M］．北京：中国社会科学出版社，2009：18．

[105] 郭建明．国家自主性的涵义辨析、概念界定与结构分析［J］．上海行政学院学报，2013，14（3）：37－45．

[106] 刘学军，赵运兴．沙特对外战略自主性转变探究［J］．云南行政学院学报，2019，21（1）：130－137．

[107] 田野．国家的选择：国际制度、国内政治与国家自主性［M］．上海：上海人民出版社，2014：61－62．

[108] 舍尔．能源自主可再生能源的新政治［M］．刘心舟，邓苗，林里，等，译．上海：同济大学出版社，2017：212－212．

[109] 习近平．决胜全面建成小康社会夺取新时代中国特色社会主义伟大胜利［N］．人民日报，2017－10－28（1）．

[110] 国务院办公厅印发《能源发展战略行动计划（2014—2020 年）》［EB/OL］．（2014－11－19）［2021－05－25］．http：//www．gov．cn/xinwen/2014－11/19/content_2780748．htm．

[111] 王晓涛．在中国工程院第十次院士大会上，杜祥琬副院长介绍了"中国能源中长期（2030—2050）发展战略"研究的成果——40 年后洁净能源占半壁江山［N］．中国经济导报，2010－06－12（B03）．

[112] 王帆．新开局：复杂系统思维与中国外交战略规划［M］．北京：世界知识出版社，2014：208，223．

[113] 朱炳元．全球化与中国国家利益［M］．北京：人民出版社，2003：109．

[114] 阎学通．中国国家利益分析［M］．天津：天津人民出版社，1996：67．

[115] 景春梅．打造国际能源合作利益与命运共同体［N］．上海证券报，2017－09－30（6）．

［116］余家豪，沈君哲．"一带一路"能源合作回顾与投资风险分析
［J］．能源，2019（6）：37－38．

［117］舟丹．能源安全［J］．中外能源，2017，22（10）：40．

［118］贾兆义，张传泉．新时代中国国际话语权建构任务、理念和路径
［J］．云梦学刊，2019，40（2）：81－85．

［119］麦肯锡全球研究院．麦肯锡2019中国报告［EB/OL］．（2020－01－
06）［2021－05－26］．https：//www. thepaper. cn/newsDetail＿for-
ward_5391968．

［120］吕江．"一带一路"能源金融的制度建构：国家属性、实践挑战与
应对策略［J］．马克思主义与现实，2019（2）：162．

［121］奥本海．奥本海国际法［M］．詹宁斯，瓦茨，修订．王铁崖，等，
译．北京：中国大百科全书出版社，1995：6－10．

［122］中共中央文献编辑委员会．《邓小平文选》（第二卷）［M］．北京：
人民出版社，1983：377．

［123］杨振发．国际能源合作中的国家能源主权原则研究［J］．红河学院
学报，2010，8（5）：29－32．

［124］张素林．中美关系解冻与中美三个联合公报［J］．上海人大月刊，
2012（3）：51－52．

［125］商务部．2020年中国对外投资合作情况［EB/OL］．（2021－02－
10）［2021－05－26］．http：//www. mofcom. gov. cn/article/i/jyjl/l/
202102/20210203038250. shtml．

［126］范志勇．以共建"一带一路"应对全球经济长期停滞［EB/OL］．
（2019－10－15）［2021－05－26］．https：//m. thepaper. cn/news-
Detail_forward_4680159．

［127］门洪华．国际机制的有效性与局限性［J］．美国研究，2001
（4）：14．

［128］杨耕．国际经济机制确立和运行过程中的权力因素分析［J］．工业
技术经济，2011，30（12）：120．

［129］中国现代国际关系研究院经济安全研究中心．国家经济安全［M］．

北京：时事出版社，2005：73.

[130] 中华人民共和国国务院新闻办公室. 新时代的中国能源发展 ［N］. 人民日报，2020 – 12 – 22（10）.

[131] 姚金楠.《中国可再生能源国际合作报告（2019）》发布：可再生能源已具备明显成本优势 ［N］. 中国能源报，2020 – 07 – 13（3）.

[132] 吕淼. 美国天然气交易中心建设浅析 ［J］. 能源，2017（9）：72 – 76.

[133] 陈嵘. 新加坡经验对浙江自贸区打造国际油气交易中心的启示 ［J］. 特区经济，2019（11）：29 – 32.

[134] 张栋杰. 中国战略石油储备研究 ［D］. 武汉：武汉大学，2014：06.

[135] 冯俊. 中华人民共和国国情词典 ［M］. 北京：中国人民大学出版社，2011.

[136] 国家统计局. 国家石油储备建设取得重要进展 ［EB/OL］.（2017 – 12 – 29）［2021 – 05 – 27］. http：//www. stats. gov. cn/tjsj/zxfb/201712/t20171229_1568313. html.

[137] 国家统计局. 2020 年 4 月份能源生产情况 ［EB/OL］.（2020 – 05 – 15）［2021 – 05 – 27］. http：//www. stats. gov. cn/tjsj/zxfb/202005/t20200515_1745632. html.

[138] 2020 年中国原油储量将达到 11.5 亿桶 ［EB/OL］.（2020 – 03 – 26）［2021 – 06 – 07］. https：//m. sohu. com/a/383368735_797598?ivk_sa = 1024320u.

[139] 葛连昆. 保障国家能源安全迫切需要提升油气储备能力 ［N］. 中国能源报，2020 – 07 – 06（4）.

[140] 朱敏. 发达国家天然气储气调峰经验及对我国的启示 ［N］. 中国经济时报，2018 – 05 – 18（5）.

[141] 国家石油储备中心. 国外天然气储备概况及经验启示 ［EB/OL］.（2012 – 02 – 10）［2021 – 05 – 27］. http：//www. nea. gov. cn/2012 – 02/10/c_131402516. htm.

［142］金三林，米建国．我国石油储备的资金保障与成本控制［J］．天然
气技术，2007（6）：1-2.

［143］刘长俭．完善海外港口网络，推动共建"一带一路"［J］．科技导
报，2020，38（9）：89-96.

［144］李祜梅，邬明权，牛铮，等．中国在海外建设的港口项目数据分析
［J］．全球变化数据学报（中英文），2019，3（3）：234-243，
344-353.

［145］徐亦宁．港口或将成为能源转型领跑者［EB/OL］．（2020-07-
04）［2021-05-27］．http：//www.zgsyb.com/news.html？aid=56
0143.

［146］杨小林．能源过境运输的国际法思考——以《能源宪章条约》为主
的分析［D］．武汉：华中科技大学，2008：5-6.

［147］中国石油企业协会发布《中国油气产业发展分析与展望报告蓝皮书
（2019—2020）》［J］．中国石油企业，2020（4）：25-26.

［148］陆如泉，孙秀娟，张景瑜．中国石油国际合作瞄准世界一流高质量
发展［N］．中国石油报，2019-07-30（5）.

［149］2019年中哈原油管道向国内输送原油超1088万吨［EB/OL］.
（2020-01-09）［2021-05-27］．http：//www.xinhuanet.com/
2020-01/09/c_1125441977.htm.

［150］王春修，贾怀存．东北亚地区油气资源与勘探开发前景［J］．国际
石油经济，2011，19（11）：58.

［151］韩天云．东北亚区域能源合作：一种共同战略石油储备的视角
［J］．理论界，2013（7）：166.

［152］王芳．我国深海能源正迈向全面开采关键节点期［N］．中国石油
报，2018-11-13（1）.

［153］罗英杰，李飞．大国北极博弈与中国北极能源安全——兼论"冰上
丝绸之路"推进路径［J］．国际安全研究，2020，38（2）：91-
115，159.

［154］太空太阳能电站：人类获取能源的新途径［J］．电网与清洁能源，

2008（10）：47.

[155] 2035 年中国将建成太空太阳能电站［J］. 资源节约与环保，2019（12）：7.

[156] 张光耀. 欧盟可再生能源法律和政策现状及展望［J］. 中外能源，2020，25（1）：25 - 32.

[157] 石泽. 从"一带一路"能源合作看国家能源安全［J］. 国际石油经济，2019，27（9）：1 - 6.

[158] 马骏，佟江桥. "一带一路"国家可再生能源项目投融资模式、问题和建议［J］. 清华金融评论，2020（3）：107 - 112.

[159] 里夫金. 第三次工业革命：新经济模式如何改变世界［M］. 张体伟，孙毅宁，译. 北京：中信出版社，2012.

[160] 能源互联网［EB/OL］.（2021 - 01 - 26）［2021 - 05 - 27］. https：//baike. baidu. com/item/！E8！83！BD！E6！BA！90！E4！BA！92！E8！81！94！E7！BD！91/16601214？fr = aladdin.

[161] 习近平. 谋共同永续发展做合作共赢伙伴［N/OL］. 2015 - 09 - 27［2021 - 05 - 27］. https：//epaper. gmw. cn/gmrb/html/2015 - 09/27/nw. D110000gmrb_20150927_3 - 02. htm.

[162] 白春礼. "科技创新助力构建国家能源新体系"专刊序言［J］. 中国科学院院刊，2019，34（4）：383 - 384.

[163] 2019 年光伏组件企业产能产量排行榜（含全球市场分析）［EB/OL］.（2020 - 09 - 08）［2021 - 05 - 27］. http：//guangfu. bjx. com. cn/news/20200908/1102593. shtml.

[164] 中商产业研究院. 2020 年光伏电价政策再次征求意见我国光伏产业现状及发展前景如何？［EB/OL］.（2020 - 03 - 10）［2021 - 05 - 27］. https：//www. askci. com/news/chanye/20200310/1402301157848. shtml.

[165] 王怡. 中国风电产业 40 年发展成就与展望［J］. 中国能源，2020，42（9）：9，28 - 32.

[166] 纪志国. 我国风电产业现状与发展趋势探究［J］. 中国设备工程，

2020 (18)：217 - 218.

[167] 江华．论我国光伏产业的发展优势与劣势 [J]．太阳能，2019
(9)：15 - 17，76.

[168] 陆雄文．管理学大辞典 [M]．上海：上海辞书出版社，2013.

[169] 林晓峰，何永刚，曾爱琴．构建"三标一体"管理体系防范能源投
资企业国际化经营风险实践 [J]．国际工程与劳务，2021 (4)：
76 - 77.

[170] 王宝燕．"一带一路"建设背景下我国企业境外投资风险与应对策
略 [J]．现代经济信息，2020 (7)：74，76.

[171]《中央企业海外社会责任蓝皮书 (2020)》在京发布 [EB/OL].
(2020 - 10 - 16) [2021 - 05 - 28]．http：//www.rmzxb.com.cn/c/
2020 - 10 - 16/2689181.shtml.

[172] 陆如泉，林姿汝，徐小峰，等．基于不同社会环境的中国石油企业
海外社会责任行为研究 [J]．中国石油大学学报（社会科学版），
2021，37 (2)：12.

[173] 齐丽云，苏爽．中国石油的企业社会责任演进过程——基于组织意
义建构和制度整合视角的案例研究 [J]．管理案例研究与评论，
2018，11 (6)：565 - 576.

[174] 国际化人才 [EB/OL]．(2021 - 01 - 27) [2021 - 05 - 27]．ht-
tps：//baike.baidu.com/item/%E5%9B%BD%E9%99%85%E5%
8C%96%E4%BA%BA%E6%89%8D.

[175] 娄莹莹．中海油国际化战略研究 [D]．长春：吉林大学，2019：
43 - 44.

[176] 徐彦明．中石油国际化战略研究 [D]．武汉：武汉大学，2012：
105 - 106.

[177] 国家中长期教育改革和发展规划纲要 (2010—2020 年) [EB/OL].
(2011 - 10 - 29) [2021 - 05 - 27]．http：//www.moe.gov.cn/src-
site/A01/s7048/201007/t20100729_171904.html.

[178] 朱妍，李玲．传统能源行业遭遇人才困局 [N]．中国能源报，

2019 – 04 – 22 （1）．

二、英文参考文献

［1］ The petroleum in dustry in economic regions IX，XI，and XII of the USSR ［R］． Office of Current Intelligence，1955：19．

［2］ HAMILTON J D. China and the global energy crisis：development and prospects for China's oil and natural gas ［J］． The energy journal，2008，29 （2）：185 – 186．

［3］ KARAN P P，SMIL V. China's energy：achievements，problems，prospects ［J］． Geographical review，1978，68（1）：109．

［4］ ZAGORIA D S，WOODARD K. The international energy relations of China ［J］． Foreign affairs （council on foreign relations），1981，59 （5）：1191．

［5］ MAUL H. Europe and world energy ［R］． Butterworths in association with the Sussex European Research Center，University of Sussex，1980．

［6］ PEARSALL J. The new Oxford dictionary of English ［M］． Oxford：Oxford Univerity Press，1998．

［7］ London England British Petroleum Company. BP statistical review of world energy 2020 ［EB/OL］． （2020 – 06 – 17）［2021 – 05 – 26］． https：// www. bp. com/content/dam/bp/business – sites/en/global/corporate/pdfs/ energy – economics/statistical – review/bp – stats – review – 2020 – full – report. pdf．

［8］ RIPSMAN N M. Peacemaking by democracies：the effect of state autonomy on the post-world war settlements ［J］． International journal，2003，58 （2）：423 – 425．

［9］ SZYLIOWICZ J S，O'NEILL B E，et al. The energy crisis and US foreign policy ［M］． London：Praeger，1975：29．

［10］ FOUCAULT M. The archaeology of knowledge ［M］． New York：Vintage Books，1982：5 – 10．

［11］ VERMA M K, WHITEL P, GAUTIED L. Engineering and economics of the USGS circum-arctic oil and gas resource appraisal（ CARA）project ［EB/OL］. （2008 – 03 – 11）［2021 – 05 – 27］. https：// pubs. usgs. gov/of/2008/1193/downloads/OF08 – 1193_508. pdf.

［12］ KAHRL F, ROLAND-HOLST D. Growth and structural change in China's energy economy ［J］. Energy, 2009, 34（7）: 894 – 903.

［13］ IEA. World energy outlook 2015 ［EB/OL］. （2015 – 11 – 10）［2022 – 02 – 26］. https：//iea. blob. core. windows. net/assets/5a314029 – 69c2 – 42a9 – 98ac – d1c5deeb59b3/WEO2015. pdf.